Anekdoten von Queen Victoria

Das belustigt Uns mitnichten

Anekdoten von Queen Victoria

Gesammelt und aufgeschrieben
von Manfred Rudolph

EULENSPIEGEL VERLAG

I.
Die Kindkönigin
1819 – 1838

Dann eben Victoria!

Am 24. Mai 1819 kam im Londoner Kensington Palace ein Mädchen zur Welt. Seine Eltern waren die aus Deutschland stammende Duchess of Kent und der Duke, Edward, der vierte Sohn von King George III.

Ein Mädchen. Nun gut.

Eine Prinzessin. Immerhin.

Noch hatte das Kind keinen Namen. Die Eltern liebäugelten mit »Georgina Charlotte Augusta Alexandrina Victoria«. Dem stolzen Vater gefiel außerdem noch der verheißungsvolle Name »Elizabeth«. Als Prince Regent hatte jedoch der Bruder des Duke und spätere King George IV. ein entscheidendes Wort mitzureden.

Schließlich wurde der Kuppelsaal des Kensington Palace für die königliche Taufe am 24. Juni 1819 hergerichtet. Unter den zahlreichen Paten ragte Zar Alexander I. von Rußland heraus.

»Wie soll sie heißen? Georgina?« fuhr der Prince Regent am Abend vor der Taufe seinen jüngeren

Bruder Edward an. »Ausgeschlossen! Mein eigener Name *vor* dem des Zaren – das geht nicht. Und mein Name *nach* Alexandrina – auch unmöglich!«

Also wurde auf »Georgina Charlotte Augusta« verzichtet, und der Täufling erhielt als ersten Namen Alexandrina und als zweiten ... ?

»So heiße sie eben nach ihrer Mutter!« donnerte der Prince Regent – und eine Laune der Geschichte hatte dem Prinzeßchen seinen Namen zugewiesen.

König im Unterrock

Das Kind Victoria entwickelte sich zu einem recht dicken Pfropf – einem Champagnerkorken nicht unähnlich –, und seine etwas hervortretenden Augen verliehen ihm schon im zartesten Alter den ziemlich starren Blick seines Großvaters King George III.

»Das Ebenbild des seligen Königs!« jubilierte Victorias Mutter.

»Seine Majestät im Unterrock!« flüsterten die Hofdamen einander zu und klatschten artig in die Hände.

Vickelchen

Als Kleinkind wurde Victoria im häuslichen Kreise nach ihrem ersten Vornamen Alexandrina »Drina« genannt. Ihre deutsche Mutter aber gab dem Kosenamen »Vickelchen« den Vorzug.

»Das ist mir wohl der dümmste Name, den sie sich für den Balg überhaupt ausdenken konnte«, bemerkte der 1820 auf den väterlichen Thron nachgerückte King George IV., Victorias Onkel, bissig.

Ahnherrenenglisch

Anfangs babbelte sich Victoria auf babydeutsch durchs Leben. Erst nach dem dritten Geburtstag wurde ihr abverlangt, Englisch zu lernen, was ihr mit spielerischer Leichtigkeit gelang. Immerhin war die Prinzessin rein deutschen Geblüts. Ihr Vater entstammte als Sohn des dritten George dem Hause Hannover. Ihre Großmutter väterlicherseits, Charlotte, kam aus dem Hause Mecklenburg-Strelitz, und Victorias Mutter war eine Prinzessin von Sachsen-Coburg.

George I., der als Begründer der Hannoverschen Dynastie außer dem zweiten George noch eine Tochter, Sophie Dorothea, die Mutter Friedrichs des Großen, hinterließ, hatte seinen Fuß selten auf englischen Boden gesetzt und die englische Sprache nie richtig erlernt. Doch auch sein Deutsch war nicht so, wie es hätte sein sollen.

»Ich hass' alle Binsler un' Boeten.« Mit diesem unsäglich denkwürdigen Satz ist er in die Geschichte eingegangen. In seinem Englisch hieß das: »I hate all bainters an' boets.«

King's English war das beileibe nicht und *Queen's English,* wie es Victoria bald hören ließ, noch viel weniger.

Fräulein Langnase Lehzen

Drina – oder Vickelchen – konnte, sich von einer Minute zur anderen aufs ärgste erregen. Sie stampfte dann mit den Füßen auf und spie Gift und Galle.

Dies änderte sich mit dem Zeitpunkt, da Victoria fünf Jahre zählte und Fräulein Lehzen, Pastorentochter aus Hannover, als resolute Erzieherin in ihr Leben trat. Auch die Lehzen war zunächst entsetzt über die Temperamentsausbrüche der Prinzessin. Nie zuvor habe sie es mit einem so hemmungslos aufbrausenden Kind zu tun gehabt, mußte sie zugeben.

Doch Victoria hatte auch gute Seiten: Sie konnte nicht lügen – und nannte ihre Erzieherin nicht nur hinter vorgehaltener Hand »Langnase«.

Jane mag gehn

Als die sechsjährige Lady Jane Ellice von ihrer Großmutter, einer Hofdame, zur Spielgefährtin für die kleine Prinzessin ausersehen und in den Kensington Palace gebracht wurde, ging das nicht gut. Lady Jane nahm einfach alles in Besitz und ging mit den Spielsachen um, als ob es ihre eigenen wären. Es dauerte nicht lange, bis Victoria diesem Treiben ein Ende setzte:

»Hier darfst du überhaupt nichts berühren!« gebot sie. »Das gehört alles mir; und ich kann zu dir Jane sagen, aber wage du es ja nicht, mich Victoria zu rufen, da magst du gleich gehen!«

Victoria und Victoire

Die beste Freundin der Prinzessin war Victoire, die Tochter des Hofmarschalls ihrer Mutter, Sir John Conroy.

Die beiden Mädchen schienen unzertrennlich. Dennoch wußte die kleine Drina ganz genau, weshalb den beiden ein baumlanger, knallrot gekleideter Kammerdiener folgte, wenn sie Hand in Hand in Kensington Gardens spazieren gingen.

»Weißt du«, sagte die Prinzessin zu ihrer Freundin altklug, »wenn dich ein böser Mann packte und wegschleppte, würde der Lange das überhaupt nicht bemerken. Drohte *mir* jedoch Unheil – er täte jeden Übeltäter töten.«

Pfötchen!

Im Sommer 1826, als Princess Victoria sieben Jahre alt war, gebot ihr Onkel King George IV., daß sie mit ihrer Mutter bei ihm in Windsor erscheine.

George, der seinen inzwischen verstorbenen Bruder, Victorias Vater, nie leiden mochte, hatte seine Abneigung auch auf seine Schwägerin übertragen. Nun wollte er wohl Frieden schließen.

Der aufgeschwemmte, gichtige König mit all seinem Geschmeide und seiner mächtigen Lockenperücke winkte das kleine Mädchen zu sich.

»Pfote her, Kleine!« sagte er, und meinte es charmant.

Der böse Onkel

Als King George IV. einmal in seiner Kutsche ausfuhr, begegnete er im Park der Duchess of Kent mit ihrem Töchterchen Victoria.

»Herein mit ihr!« befahl er.

Die Mutter war entsetzt, die Tochter entzückt. Es ging hinaus nach Virginia Water. Dort lag eine Barke am Ufer des Sees vertäut, und ein Orchester bebte der Majestät Ankunft entgegen.

Der König wandte sich seiner kleinen Nichte zu. »Was ist deine Lieblingsmusik?« fragte er.

»God Save the King, Sir«, war die spontane Antwort.

Ein genüßliches Lächeln legte sich über des Königs feistes Antlitz, und Risse bildeten sich in der mit Puder dick abgedeckten Schminkschicht.

»Und was – so sprich! – war dein schönstes Erlebnis heute?« wollte er, weitere Schmeichelei erheischend, wissen.

»Die Ausfahrt mit Euch, Uncle King«, sagte Victoria und befriedete mit angeborener Schläue den Alten, der in der Familie als »der böse Onkel« galt.

Wer was müssen muß

Der Musiklehrer John Sale wurde in den Palast bestellt, der Prinzessin Gesangsunterricht zu erteilen. Da Victoria von Natur aus über eine klare und klangvolle Stimme verfügte, hatte er leichtes Spiel. Die Klavierstunden aber erwiesen sich als kräftezehrender.

»Nein, nein, nein – es gibt leider keinen Königs-
weg zur Musik, Princess«, hielt ihr der Meister vor.
»Musik will erschlossen sein. Üben, üben! Ihr müßt
üben – wie alle anderen. Ihr müßt!«

Indigniert knallte Victoria den Deckel des Instru-
ments nieder. »So. Nun wißt Ihr, was *Ich* müssen
muß.«

Cum laude

Die Duchess of Kent gebot den Bischöfen von London und Lincoln, den Wissensstand ihrer Tochter
zu prüfen, auf daß sie sich ein Bild von ihren Lern-
fortschritten machen könnte.

Die geistlichen Herren gingen gnädig mit dem ei-
genwilligen Prinzeßchen um, und die Duchess sollte
mit ihrem Befund zufrieden sein.

»Bei der Beantwortung der ihr gestellten unter-
schiedlichsten Fragen«, so schrieben sie, »bewies die
Princess, daß sie sich in den Hauptzügen der bibli-
schen Geschichte und der wesentlichen Wahrheiten
und Lehren der christlichen Religion nach dem Glauben der englischen Kirche gut auskennt und mit der
Chronologie und den Hauptdaten der englischen Geschichte wohl vertraut ist. Solches ist bemerkenswert
bei einer so jungen Persönlichkeit. Fragen aus der
Geographie, der Arithmetik und der lateinischen
Grammatik beantwortete die Princess in gleich be-
friedigender Weise.«

»Wie du siehst, Mama, ist Gott der Herr an meiner
Seite. So magst du wohl davon abstehen, mich

weiterhin derart peinigen zu lassen«, lautete Victorias hoheitsvoller Kommentar.

Selbstverpflichtung

Am 11. März 1830 – Princess Victoria war noch nicht elf Jahre alt – erfuhr sie, daß sie zur Thronfolge ausersehen war. In Vorbereitung auf eine Geschichtsstunde hatte die Erzieherin Lehzen den Stammbaum der Könige von England wie unbeabsichtigt zwischen die Seiten des Lehrbuches geschoben. Victoria war überrascht, blieb eine Weile stumm und sagte endlich: »Ich will gut sein.«

Flegelinnen-Jahre

Tag und Nacht stand Victoria unter strengster mütterlicher Bewachung. Ihr Bett hatte seinen Platz im Schlafgemach der Mutter, und bis zu ihrer Thronbesteigung durfte sie niemals eine Treppe hinuntergehen, ohne daß jemand sie an der Hand hielt und ihr sicheres Geleit bot. Der Princess war das lästig. Die Bediensteten wußten ein Lied zu singen von ihren Zornesausbrüchen, die sie auszuhalten hatten: »Hinweg mit euch, Geschmeiß! Zur Hölle mit euch, wo ihr hingehört!«

Späte Einsicht

Während ihrer Schulzeit beschäftigte sich Victoria vornehmlich mit dem Sprachenlernen. Deutsch lag ihr naturgemäß am nächsten. Englisch und Französisch rangierten dahinter; die englische Grammatik bereitete ihr zeit ihres Lebens Schwierigkeiten.

»Täte die Queen ihren weisen Lehrern doch einst *mehr* AUFMERKSAMKEIT geschenkt haben, manches möchte ihr erspart geblieben sein!« barmte sie im reiferen Alter reuevoll in ihrem Tagebuch.

Quadrillionärin

Zum vierzehnten Geburtstag von Princess Victoria lud ihr Onkel King William IV., der 1830 seinem Bruder George III. auf den Thron gefolgt war, zu einem Hofball.

Das Erlebnis blieb ihr unvergeßlich.

»Ich tanzte eine Quadrille nach der anderen«, sprudelte sie hervor, nachdem sie ausgeschlafen hatte, »bis ich zu zählen aufhörte; das währte bis weit nach Mitternacht. Es geschah zum ersten Mal, daß ich gestern erst heute nach Hause kam.«

Frühe Entsagung

Den Hofball zur Feier ihres achtzehnten Geburtstages erlebte Victoria wie im Rausch. Eine solch prunkvolle Veranstaltung kannte sie, die von ihrer Mutter wie ein persönliches Wertstück Behütete und Weggesperrte, noch nicht. Adlige Jünglinge unterschiedlicher Nationalität buhlten plötzlich um sie und um die Gnade eines Tanzes.

»Graf Zichy«, schrieb sie in ihr Tagebuch, »sieht in *Uniform* SEHR GUT aus, aber nicht in Zivil. Graf

Waldstein sieht *auffallend gut* aus in seiner hübschen ungarischen Uniform.« Mit dem Waldstein hätte sie zu gern getanzt, wie das Tagebuch verrät, allein, es gab da ein Problem: »Er konnte nicht Quadrille tanzen, & da ich meiner Stellung gemäß leider nicht Walzer oder Galopp tanzen DARF, konnte ich nicht mit ihm tanzen.«

Fußfall und Handkuß

King William IV., der von 1830 an regiert hatte, verstarb in Windsor zu Beginn der dritten Morgenstunde des 20. Juni 1837. Victoria, die designierte Thronfolgerin, schlief derweil als Achtzehnjährige noch immer im Gemach ihrer Mutter im Kensington Palace zu London.

Eilends begaben sich der Erzbischof von Canterbury William Howley und Lordkämmerer Lord Conyngham mit dem Leibarzt des Königs vom königlichen Sterbebette im Schloß Windsor nach Kensington.

Gegen fünf Uhr fuhren die Herren in ihrer Kalesche vor. Die Duchess of Kent aber mochte nicht, daß ihre Tochter im Schlafe gestört würde und verweigerte dem Lordkämmerer weiteren Zutritt. Erst als er begehrte, von »Ihrer Majestät« empfangen zu werden, erschien Victoria im Morgenrock an der Seite ihrer Mutter. In der einen Hand trug die Duchess einen Silberleuchter, mit der anderen geleitete sie ihre Tochter. Hinter den beiden Damen huschte geräuschlos die tüchtige Gouvernante Lehzen mit einem Fläschchen Riechsalz – für alle Fälle.

Erzbischof, Lordkämmerer und Leibarzt fielen Victoria zu Füßen, und als Lord Conyngham in seiner uneingeübten Ansprache das Wort »Queen« vom Teppich her zu ihr heraufschickte, bot sie den dreien ihre königliche Hand anmutig und huldvoll zum Kusse dar.

»Damals, als sie ihrem Onkel die ›Pfote‹ reichen mußte und Conyngham und ich dabei waren, wußten wir noch nicht, daß wir diese ›Pfote‹, sobald sie königlich sein würde, einmal küssen müßten«, erinnerte sich der Leibarzt später einigermaßen despektierlich.

Weiser Rat

Auf den Punkt genau um neun Uhr an dem Tage, da Queen Victoria zu höchsten Würden gelangt war, dem 20. Juni 1837, erschien Premierminister Lord Melbourne in feierlichem Hofhabitus und durfte der jungen Queen seine Ehre erweisen.

Sie empfing ihn in Privataudienz und erklärte mit ihrer hellen Kinderstimme: »Es ist meine Absicht, Euer Lordschaft und Seine Regierung im Amte zu behalten.«

»Einen besseren Rat hätte ich Euer Majestät nicht anzubieten vermocht«, erwiderte Melbourne und empfahl sich artig.

Bettszene

Die junge und noch unerfahrene Queen Victoria hatte die erste Zusammenkunft ihres Kronrates glänzend bestanden. Als sie nach der Sitzung das Vorzimmer durchschritt und auf ihre dort wartende Mutter traf, sagte sie: »Liebste Mama, ich bin also nunmehr wirklich und wahrhaftig Königin?«

»Das bist du, mein Liebling. Dir wird gehuldigt, und du weißt, daß du die Queen bist.«

»Dann, liebste Mama, möchte ich doch, daß du mir die erste Bitte erfüllen wirst, die ich als deine Queen an dich richte.«

»Gewiß, meine Tochter; und diese Bitte wäre?«

»Ich möchte eine Stunde lang allein, ohne dich und ungestört sein.«

Victoria war eine Stunde lang weder für ihre Mutter noch für sonst jemanden zu sprechen. Dann öffnete sich die Tür ihres Zimmers, und im Beisein ihrer Mutter befahl die junge Königin: »Unverzüglich entferne man das Bett der Queen of England aus dem Schlafgemache der Duchess of Kent.«

Fettes Glück

Die blutjunge, strahlende Queen of England war von einem Tag zum anderen Herrin nicht nur ihrer selbst, sondern ausgedehnter Besitzungen und eines beträchtlichen Reichtums geworden. Einer der altgedienten Gentlemen, Lord Melbourne, der ihr besonders nahestand, war beeindruckt von der unbeschwerten Heiterkeit seiner Monarchin.

»Man kann sich ein liebenswerteres und unbeschwerteres kleines Wesen kaum vorstellen«, bemerkte er voller Hingabe und fuhr recht drastisch fort: »Sie lacht aus vollem Herzen mit weit geöffnetem Mund und zeigt dabei ihr nicht gerade übermäßig hübsches, weißliches Zahnfleisch. Auch ißt sie nicht minder herzhaft als sie lacht; ich darf wohl sagen, sie mästet sich geradezu. Und neulich sagte sie: ›Als Queen of England kann ich getrost fett und damit glücklich werden. Wer hätte sonst Respekt vor mir?‹ – Nein, sie entwaffnet einen.«

Schwelgerei

Kurz nach ihrer Thronbesteigung schrieb Queen Victoria in ihr Tagebuch: »Ich bekomme *so viele* Papiere von meinen Ministern und muß auf so viele eingehen und muß jeden Tag *so viele* Schriftstücke unterzeichnen, daß ich immer *sehr viel* zu tun habe. Ich *schwelge* in dieser Arbeit.«

»Mich deucht, die Jungfer braucht einen Mann«, mißbilligte Lord Melbourne den Arbeitseifer der Queen, »dann möcht' sie wohl erfahren, wie's steht um die wahre Schwelgerei.«

Alberts Lamento

Albert von Sachsen-Coburg und Gotha hatte eine feste Meinung von seiner königlichen Cousine in England.

»Victoria ist unglaublich eigensinnig«, klagte er im heimischen Kreise, »und ihre ausgeprägte Halsstarrigkeit kommt beständig mit ihrem guten Charakter in Konflikt. Sie genießt das höfische Zeremoniell, die Etikette, und sie liebt banale Formalitäten. Es heißt, sie habe nicht das geringste Interesse an der Natur und möchte nur immer bis spät nachts aufbleiben und lange in den Tag hineinschlafen. – Was soll aus so einem Mädchen nur werden?«

Salonkonversation

Die Abendgäste der Queen waren nicht sehr erpicht auf die Salongespräche nach dem Mahle. Victoria machte es sich zur Pflicht, jeden abzufragen, und so kam es zu den banalsten Dialogen.

Eines Abends war Mr. Greville, der Sekretär des Kronrates, wieder einmal an der Reihe, und er wurde von seiner jungen Gebieterin und Gastgeberin in folgendes, der Nachwelt überliefertes »Gespräch« verwickelt:

»Sind Sie heute ausgeritten, Mr. Greville?«

»Nein, Madam«, antwortete Mr. Greville.

»Es war ein schöner Tag heute«, setzte die Queen nach.

»Gewiß, Madam, ein sehr schöner Tag.«

»Es war aber ziemlich kalt.«

»Sehr wohl, Madam, es war ziemlich kalt.«

»Ihre Schwester, Lady Frances Egerton, reitet doch auch, nicht wahr?«

»Gelegentlich, Madam.«

Dann wagte Mr. Greville in einem Anflug von Tollkühnheit von sich aus eine Frage zu stellen, versagte sich jedoch, das Thema zu wechseln: »Sind Euer Majestät heute ausgeritten?« begehrte er zu wissen.

»O ja, ich begab mich auf einen ausgedehnten Ritt«, beschied ihm die Queen huldvoll und sogar lebhaft.

»Hatten Euer Majestät ein gutes Pferd?«

»Aber ja doch, ein sehr gutes Pferd.«

Die Queen lächelte und neigte den Kopf. Damit war Mr. Greville entlassen und erlöst. Er verbeugte sich tief, und Victoria beehrte den nächsten Herrn mit einem nächsten Gespräch.

Nach diesem Erlebnis behauptete Mr. Greville, er habe alle weiteren Einladungen in den Palast ausgeschlagen. Über den Privatsekretär der Queen war jedoch zu erfahren, daß in Wahrheit Greville von Victoria nie mehr eingeladen wurde.

»Er hat ungeschliffene Manieren«, befand sie, »rülpst bei Tische, schreit über die Tafel hinweg und redet alle nieder.«

Flora Immaculata

Die unverehelichte und schöne Lady Flora Hastings war eine der Hofdamen von Victorias Mutter. Sie genoß einen unbefleckten Ruf und galt als Ausbund an Keuschheit.

Eines Tages nun vermeinten Queen Victoria und ihre Vertraute Lehzen eine interessante Veränderung bei Lady Flora festzustellen. Ihre Figur war irgendwie anders, ausgefüllter.

Die Queen hatte bestenfalls schemenhafte Vorstellungen vom Vorgange der menschlichen Mehrung. Aber soviel wußte sie: Zur Schwängerung der Frau bedurfte es des Zutuns eines Mannes.

Am Hofe wurde zunächst getuschelt, dann setzte ein heftigeres Zungenwetzen ein, und schließlich kam es zur offenen Anklage: Die sittsame Lady Flora ist guter Hoffnung!

Endlich ein Skandal. So viele gab es ja nicht.

Lady Floras Ehre stand auf dem Spiel. Sie fühlte sich unschuldig und unberührt. Nach langem Zögern unterwarf sie sich dem Hofgynäkologen, und der verkündete der Queen alsbald das Ergebnis seiner Untersuchung: »Lady Flora Hastings' Jungfräulichkeit ist unversehrt.«

Ungnädig schmollte Victoria: »Wenn sie Jungfrau ist, was geht sie dann einher, als ob sie gesegneten Leibes sei!«

Bis zum Erbrechen

Queen Victoria lebte auf, wenn sie mit ihren Vertrauten und einigen handverlesenen Gästen die Abende in Windsor oder im Buckingham Palace zubrachte.

Meist lauschten alle andächtig der Konversation zwischen ihr und Lord Melbourne. Sie war begierig auf seine Ansichten, und er gab gern seine Weisheiten und Ratschläge zu allem möglichen von sich, mochte es dabei um Fragen der Bildung der Arbeiterklasse oder aber um Brechreiz im Kindesalter gehen.

Über die gewöhnliche Übelkeit referierte Lord Melbourne des öfteren und vergaß nie, seine eigene Leidensgeschichte mit einzuflechten: Als Kind war er mehr als einmal gezwungen worden, gekochtes fettes Hammelfleisch zu verzehren. »Und als die Speise den Weg zurück und aus mir heraus nahm, na, da hatte sie eben die Bescherung, die dumme Gouvernante ...«

Victoria brach daraufhin jedesmal in fröhliches Gelächter aus, hielt sich ein Dufttüchlein vor Mund und Nase und rief voll genüßlichen Ekels: »Nein, aber nicht doch!«

Handarbeit

Wer etwas galt in England, durfte auf einem königlichen Empfang die königliche Hand küssen. Dabei war Queen Victoria die oft stundenlange Handküsserei lästig. Auch fand sie, sie sei mit Stummelfingern geschlagen. Aus diesem Grund schmückte sie sich mit Ringen, nicht nur mit einem oder zwei, nein, bald trug sie auch an den Daumen kostbaren Fingerschmuck. Es kam soweit, daß sie vor lauter Beringung Messer und Gabel kaum noch zu gebrauchen vermochte.

»Dank der Ringe sehen meine Hände nicht gar so häßlich aus«, erklärte sie Premierminister Melbourne gegenüber und hoffte auf ein Kompliment.

»Die Ringe, ha, die machen sie nur noch schlimmer«, spottete dieser wahrheitsliebende Mensch.

Häßlicher Hamlet

Hatte Queen Victoria einen Abend im Theater verbracht, pflegte sie in ihrem Tagebuch die noch frischen Eindrücke festzuhalten:

»Shakespeares Tragödie ›Hamlet‹ wurde gegeben. Mr. Charles Kean spielte die Rolle des Hamlet, & ich räume gern ein, daß er sie herrlich spielte. Er ist sehr graziös & versteht sich so schön zu bewegen. Allerdings: Ein schöner Mann ist er mitnichten, eher häßlich. Aber ich blieb trotzdem bis ganz zum Schluß.«

»Gott bewahre mich vor einem Ehegatten mit solch einer Visage!« gestand sie ihrer Vertrauten Lehzen.

Walzer = Wollust

Im Mai des Jahres 1838 gab die Queen ihren ersten Hofball, und sie ließ keinen Tanz aus. Nur ein Walzer durfte es nicht sein. Der Walzer galt als unschicklich.

»Es war ein herrlicher Ball«, schrieb sie in ihr Tagebuch, »so ausgelassen, so beschwingt – ich war so glücklich & so fröhlich; so lange hatte ich nicht mehr getanzt! – Aber Walzer konnte ich nicht tanzen. Wie kann ich mich in die Arme eines jungen Mannes legen und mich ihm dergestalt und voll Wollust gleichsam hingeben?«

Entweder – oder

Obwohl Victoria eine gewandte Reiterin war, versuchten Premierminister Lord Melbourne und ihre Mutter sie zu zwingen, die Parade nicht zu Pferde, sondern von einer Kutsche aus abzunehmen.

Die Queen hatte ihre liebe Not, sich erfolgreich zu widersetzen. Schließlich erklärte sie geradeheraus: »Also gut, es ist Ihre Wahl – kein Pferd, keine Parade!«

Und so mußte das Volk im Juni 1838 auf das Schauspiel einer Truppenparade im Hyde Park verzichten.

Der Grund dafür blieb allerdings der Presse nicht verborgen, und die braven Untertanen nahmen schmunzelnd ein aus diesem Anlaß zusammengereimtes Spottgedicht zur Kenntnis:

Nur hoch zu Roß, anders soll es nicht sein,
Sonst gibt's eben keine Parade.
Ohne Pferd kein Auftritt, Lord Melbourne, nein!
Für Mama und Sie, ach, wie schade.
Ja, staunt nur und streitet und stolpert und starrt,
Vergeßt nicht, die Krone ist mein!
Und glaubt es doch endlich: Euch bleibt's nicht
*   erspart,*
Einem Mädchen gehorsam zu sein.

Drückeberger unter Druck

Der Krönungstag rückte näher. Es war der 28. Juni 1838. Queen Victoria war nervös. »Instruieren Sie den Erzbischof von Canterbury, mir die Krone fest auf den Kopf zu setzen«, gebot die Queen ihrem Premierminister, »damit sie ja nicht herunterfällt.« Denn – soviel wußte sie – jeder einzelne Vertreter des Hochadels würde während der Huldigung die Krone berühren wollen und leider auch müssen. Und – soviel wußte sie ebenfalls – keinem von denen würde der Sinn nach der Rolle desjenigen stehen, der sie ihr herunterstieße.

Einer der Edlen und nicht sehr wagemutigen Herren hatte sich bei Lord Melbourne erkundigt, ob es wohl auffallen würde, wenn er der Zeremonie fern bliebe. »Ich kann Ihnen nur das eine sagen: Die Queen wird Ihre Abwesenheit gewiß bemerken, und dann – also, in Ihrer Haut möchte ich nicht stecken!« warnte der boshafte Melbourne hintergründig.

»Oh, dann werde ich wohl doch lieber dabei sein.« Den Drückeberger packte die nackte Angst. Er sah sich bereits im Tower auf dem Schafott.

Krönungstortur

Die Krönungszeremonie verlief nicht ohne Pannen. Man hätte meinen mögen, ein Land aufblühender Industrie und Wissenschaft, das sich anschickte, ein Weltreich zu beherrschen, sei notwendigerweise auch Heimstatt der Perfektion. Weit gefehlt. *Learning by doing* hieß es bei den Briten schon immer – und scheint es auch im Blick auf die Zeremonie geheißen zu haben. »Man sage mir doch, was ich tun muß!« hatte Victoria gefleht.

Doch der Bischof von Durham konnte ihr so recht nicht helfen, schließlich hatte er noch nie gekrönt.

Vor dem eigentlichen Krönungsakt begann er die Litanei zu früh, dafür blätterte der Bischof von Bath und Wells gegen Ende des Gottesdienstes zwei Seiten auf einmal um. Er bemerkte seinen Irrtum nicht und vermeldete Majestät das Ende der Andacht. Victoria mußte aus einer Nebenkapelle, wohin sie sich zurückgezogen hatte, herbeigeholt werden. Sie war entsetzt, daß sich auf dem, »was sich Altar nannte, Sandwiches, Weinflaschen, etc., etc. türmten.«

Lord Melbourne hatte sich mit dem übermäßig schweren Staatsschwert derart abgeschleppt, daß er dem Zustand völliger Erschöpfung nahe war und ihm die Adelskrone auf der Nase hing. Er labte sich am Champagner, den er in gewaltigen Schlucken aus einem Zinnpokal schlürfte, und nahm die Anwesenheit seiner Queen nicht einmal wahr.

Mit der Brutalität eines Gewindeschneiders schraubte der Erzbischof von Canterbury der Queen den Rubinring auf den Ringfinger, ohne zu wissen, daß der Krönungsschmuck versehentlich für den kleinen Finger angefertigt worden war. Dann wollte er ihr den gewichtigen Reichsapfel übergeben und nahm nicht wahr, daß sie diesen bereits in ihrer kleinen Hand hielt und kurz davor war, ihn fallen zu lassen.

»Und der Erzbischof war (wie üblich) so verwirrt und ratlos und wußte nichts und machte sich davon«, vermerkte Victoria später.

Als die junge und nunmehr gekrönte Queen endlich in den Buckingham Palace zurückkehrte, war sie keineswegs erschöpft. Sie ging in ihre Privatgemächer, ließ sich ihres Prunkgewandes entledigen und gab ihrem Hund Dash sein abendliches Bad.

Alle peinlichen Pannen schienen damit hinweggespült.

»Ich werde mich dieses Tages stets als des *erhabensten meines Lebens* erinnern«, schrieb sie in ihr Tagebuch.

Rolles Rolle

Während Queen Victorias Krönungszeremonie kam es zu einem Zwischenfall, der verstehen läßt, warum das deutsche Wort »Schadenfreude« für den englischen Sprachschatz in Ermangelung eines ebenso würzigen eigenen Ausdruckes unentbehrlich wurde.

Der neunzigjährige Lord Rolle versuchte mit wackerem Anlauf, die drei Stufen des Podestes zum Thron hinauf zu bewältigen, um der Queen seine Huldigung darzubringen. Leider verfing er sich dabei mit den Schnabelschuhspitzen im Saum seiner Robe, fiel krachend in sich zusammen und zappelte wie ein auf dem Rücken liegender Maikäfer am Boden.

Notdürftig unterdrückte Häme machte sich allenthalben breit.

Kaum hatte sich der edle Lord hochgerappelt, unternahm er einen zweiten, löwentapferlichen Versuch, der Queen nahe zu kommen. Victoria war vorsorglich an die Rampe getreten und reichte dem

Greis gütigst die Hand dar, um ihm das Risiko eines nochmaligen Sturzes zu ersparen. Befreiender Jubel brauste auf im heiligen Gewölbe.

Die ausländischen Krönungsgäste staunten: Wie das? Lautes Jubilieren in der Kirche!

Flugs erfanden die Briten für sie eine nette und das Geschehnis plausibel darstellende Geschichte.

Der Adelsname Lord Rolle, flunkerten sie, sei ein verliehener Ehrentitel, und die Tradition gebiete dem also Ausgezeichneten seit alters, daß er sich in der Gegenwart seiner Herrscherin oder seines Herrschers im Staube wälze – eben *rolle*.

Erste Ölung

Das geweihte Öl, mit welchem Victoria zur Queen gesalbt wurde, stammte noch von der Krönung Charles I. aus dem Jahre 1625.

Ihm hatte das bereits von Queen Elizabeth I. als »ekelhafte, übelriechende Schmiere« geschmähte Salböl des Jahres 1558 mißfallen, und so mußte eigenes her. Es war unter anderem zusammengemischt aus Essenzen von Orangenblüten, Rosen, Zimt, Jasmin, Sesam, Moschus, Zibet und Ambra. Von der neuen Mixtur sollten nun Vorräte für Jahrhunderte angelegt werden, auf daß auch für künftige Krönungszeremonien darauf zurückgegriffen werden könnte.

Victoria konnte sich Charles I. vorzüglichen Salböls noch erfreuen.

Da sie aber mehr als dreiundsechzig lange Jahre

auf dem Thron blieb, trocknete der Bestand an alt-ehrwürdigem königlichem Salböl ein, und ihre Nach-folger waren gezwungen, sich neumodisches Zeug anrühren zu lassen.

Für die Ölung der heutigen Queen Elizabeth II. ging Mr. Jamieson, ein Apotheker aus der Londoner Bond Street, zu Werke. Und er brachte dafür ein per-sönliches Opfer: Um seinen Geruchssinn zu schärfen, hatte er einen vollen Monat vorher das Rauchen ein-gestellt.

Hätte Victoria das noch erleben können – gewiß wäre der wackere Ölmischer in den Adelsstand er-hoben worden.

II.
Victoria und Albert
1838 – 1861

Gabelbissen

Die Cousins Albert und Ernst aus Coburg weilten wieder einmal zu Besuch in London. Bei der jungen Queen hinterließen sie einen nachhaltigen Eindruck. Begeistert schrieb sie an ihren Onkel Leopold, den aus Coburg stammenden Bruder ihrer Mutter und König der Belgier seit 1831:

»Ernst ist zu einem stattlichen jungen Manne herangewachsen, doch Alberts *Schönheit* ist *einfach verblüffend,* und er ist so liebenswürdig und gibt sich so ungekünstelt – kurz, er ist äußerst *bezaubernd.*«

Alberts Windhund Eos strich herein und reichte Victoria die Pfote hin. Sie bot ihm einen Leckerbissen, den er artig von der Gabel nahm.

»Ach, wäre dies doch Alberts süßer Mund – wie wollte ich ihm nur das Beste darreichen!« seufzte Victoria.

Jungfernrede

Enge Vertraute wie auch ihre Mutter legten Victoria nahe, zu heiraten und rechtzeitig für einen Thronfolger zu sorgen.

Die Queen war empört und rief aus: »Dieses Ansinnen ist mir in höchstem Maße zuwider. Ach, könnte ich doch Jungfrau bleiben und unbehelligt meinem Lande dienen! Weiß der Himmel, was mir ein Mann soll!«

Im späteren Leben wußte sie es genau.

Schreckensbilanz

Die junge Queen stellte eine Liste zusammen von Dingen, die sie erschauern ließen. Dazu zählten Schildkrötensuppe, Ungeziefer, das huldvolle Begrüßen geladener Gäste, jung zu sterben und zu erblinden.

Bald gebot sie ergänzend und alle königliche Unparteiischkeit fahren lassend: »Die Tories*) auf die Schreckensliste – ganz oben hin!«

Pfui Untertan!

Victoria, die junge Queen, hatte sich rettungslos in den ersten jungen Mann, der in ihr Leben getreten war, verliebt, in ihren Cousin Prinz Albert von Sachsen-Coburg und Gotha.

---

*) im 17./18. Jh. Verbündete (Grundbesitzer) der englischen Krone gegen das Parlament; 1784 Vereinigung mit Teilen der Handelsbourgeoisie; seit 1840 Bezeichnung für Mitglieder der Konservativen Partei

Premierminister Lord Melbourne paßte allerdings eine Ehe mit einem Coburger, einem Deutschen, gar nicht ins Kalkül.

»Ich kann mir nicht vorstellen, daß ein Ausländer – und ein Deutscher obendrein! – hierzulande beliebt wäre«, hielt er der Queen vor, mußte ihr aber gleichzeitig beipflichten, nein, ein Brite, der ja nie ranggleich und ihrer somit ebenbürtig sein könne, wäre wohl auch nicht die richtige Wahl.

»Einen Untertanen heiraten, pfui Teufel!« stieß sie aus. »Das zieht einen so hinunter. Das macht einen so gewöhnlich.«

Kabinettstück

Am Abend des 10. Oktober 1839, einem Donnerstag, trafen Prinz Albert von Sachsen-Coburg und Gotha und sein Bruder Ernst als geladene Gäste erneut in Windsor ein. Victoria hatte es sich in den Kopf gesetzt, Albert zu heiraten. Offensichtlich erwiderte er ihre Liebe. Doch wer sollte den ersten Schritt tun? Albert durfte nicht. Das war ausgeschlossen. Das verbot die Etikette. Er, der Prinz, konnte die Queen nicht um ihre Hand angehen. Also mußte sie die Initiative ergreifen.

Am darauffolgenden Dienstag mittag empfing Albert den königlichen Befehl, sich unverzüglich im Blauen Kabinett einzufinden. Er wußte, worum es ging. Victoria unterdrückte ihre Anspannung und bat ihn rundheraus, sie zu heiraten.

»Ich sagte zu ihm, ich dächte, ihm müßte wohl klar sein, warum ich seinen Besuch gewünscht hätte,

– und daß es mich sehr glücklich machen würde, wenn er dem zustimmen könnte, was ich wünschte (mich zu heiraten)«, vermerkte sie.

Es bedurfte keiner weiteren Worte. Sie fielen einander in die Arme. Victoria schluchzte und beteuerte, sie sei seiner gänzlich unwürdig. Auch Albert ließ seinen Tränen freien Lauf und seine Englischkenntnisse fahren.

»Ich bin der Unwürdige«, erklärte er auf deutsch, »und ich werde sehr glücklich sein, das Leben mit dir zu verbringen.«

Spätfolgen

Queen Victoria schwärmte Premierminister Lord Melbourne voller Stolz vor, daß ihr Albert keine andere Frau beachte.

»Nein, gewiß nicht, Madam. Solches pflegt erst später zu kommen, dann aber mit um so größerer Wucht«, bemerkte der Spötter.

Sansculotte

Als Victoria ihren Prinzen an einem frostigen Novembertag mit zur Truppenparade in den Hyde Park nahm, legte er ihr liebevoll ein Pelzcape um die Schultern, während, wie sie in ihrem Tagebuch festhielt, »es ihn selbst schüttelte vor Kälte in seinen dünnen, weißen Pantalons mit nichts darunter.«

Wie gelangte sie wohl zu solcherart elementarem Wissen?

Frommer Wunsch

Bald ging es darum, welchen Rang Prinz Albert künftig einnehmen sollte. Victoria verlangte, daß er ihr ebenbürtig zu sein habe.

Ihre Widersacher aus dem Hochadel und aus den Reihen der Tories aber gingen dagegen an. Albert war ein Deutscher. So einer sollte König von England werden? Sie sprachen über Albert verächtlich als von einer »Königlichen Hoheit aus Papier«. Queen Victoria schäumte vor Wut.

»Wann endlich, Allmächtiger, erhörst Du mein Gebet: Lieber Gott, erlöse uns von den Tories!«

»Der liebe, arme Albert«, vertraute sie ihrem Tagebuch an, »wie grausam sie diesen *liebsten, teuersten Engel* mißhandeln! Oh, ihr Ungeheuer! Strafe über euch Tories! Rache. Rache!«

Kurzkurzweil

Der 10. Februar des Jahres 1840 wurde als Tag der Hochzeit von Victoria und Albert bestimmt. Wie es sich geziemte, hielt sich der Bräutigam noch zu Hause in Coburg auf. Kurz vor seinem Aufbruch erhielt er von ihr einen Brief, in dem sie knapp, aber bestimmt seine Vorstellung von Flitterwochen zurückwies. Zwei oder drei Tage in Windsor billigte sie sich und ihm zu. Das mußte genügen.

»Du vergißt, mein teuerster Geliebter, daß ich die Herrscherin bin«, schrieb sie, »und daß meine königliche Arbeit nicht einfach auf mich warten kann.«

Vergangenheitsbewältigung

In der Frage der Auswahl der Brautjungfern kam es zu einer Meinungsverschiedenheit.

Albert verlangte, es dürfte kein Mädchen in Frage kommen, dessen Mutter »eine Vergangenheit« habe.

Lord Melbourne war sprachlos.

Die Queen sah die Angelegenheit überraschenderweise viel lockerer als ihr sittenstrenger Bräutigam.

Schließlich und endlich wurden für den Dienst an Queen Victorias Schleppe liebreizende junge und ihre Bezeichnung überdies zu Recht tragende Brautjungfern erwählt. Die Nachprüfung der »Vergangenheiten« ihrer stolzen Mütter entfiel.

Zwischen ¼ vor 9 und ½ 10

Endlich konnte Queen Victoria etwas wirklich Wichtiges in ihr Tagebuch schreiben: »Montag, 10. FEBRUAR. – Zum letzten Male schlief ich allein. Stand ¼ vor 9 auf – fühle mich gut, & habe gut geschlafen; frühstückte ½ 10.«

Vom Himmel über Windsor ging ein trister Februarregen nieder. Victoria kannte Alberts Hang zu Depressionen und sandte ihm eine kurze Mitteilung.

»Liebster«, schrieb sie, »wie fühlst Du Dich heute? Und hast Du gut geschlafen? Ich habe sehr angenehm geruht und fühle mich heute sehr wohl. Was für ein Wetter! Ich glaube aber, der Regen wird abnehmen. Lasse mich wissen, wenn Du, mein über alles geliebter Bräutigam, soweit bist. – Deine Dir ergebene Victoria.«

Prinz Albert schickte einen Bediensteten mit einem Billett an Victoria auf den Weg. Darauf stand: »Verzehre mich nach Deiner geliebten Nähe. – Stehe für Dich bereit.«

Gefühlsrausch

Nach der Hochzeitsfeier nahmen Victoria und Albert ihre Wohnräume im Schloß Windsor in Besitz. Victoria, in diesem Augenblick von rasenden Kopfschmerzen geplagt, mußte den Tag auf dem Sofa liegend ausklingen lassen.

Das Tagebuch gibt Aufschluß über Victorias Gefühle an ihrem Hochzeitstag:

»Unpäßlich oder nicht, NIEMALS, NIEMALS habe ich einen solchen Abend erlebt!!! Mein TEUERSTER, TEUERSTER, GELIEBTER Albert saß auf einer Fußbank an meiner Seite, & sein Übermaß an Liebe & Zuneigung ließen mich himmlische Liebe & Glückseligkeit fühlen, wie ich nie zuvor *gehofft* hätte, daß ich je würde so fühlen können! Wahrhaftig, wie kann ich jemals genug danken, solch einen *Ehegemahl* zu haben!«

Am Morgen nach der Nacht zuvor

Am Morgen nach der Hochzeitsnacht konnte Victoria nicht anders – sie ließ ihrem väterlichen Freund und vertrauten Berater Premierminister Lord Melbourne einen Zettel zukommen, und darauf schrieb sie in Ekstase: »Oh, welche Nacht höchster Beseligung und abgründigsten wie köstlichsten Erschreckens!

Von solcherart Liebe hätte ich nicht einmal zu träumen gewußt.«

Ihrem Tagebuch vertraute sie lediglich an: »Wir haben kaum geschlafen.« – Was eben so das Besondere an Hochzeitsnächten ist.

Wacker zu Werke!

Der allgegenwärtige Sekretär des Kronrates, Charles Greville, belauerte das königliche Paar, wie es sich während seiner Flitterzeit an einem frühen Morgen im Park von Windsor erging.

»Solch kurzes Beilager, meiner Seel'!« grummelte er im fahlen Zwielicht und offenbarte sich gegen Mittag einem Freunde: »Es möcht' wohl wackres Üben vonnöten sein und nicht auf einen Husch gelingen, einen Thronfolger zu verfertigen.«

Meineid

An der Hochzeitsfeier von Victoria und Albert hatte auch der amerikanische Gesandte mit seiner Gattin teilgenommen.

Amüsiert berichtete die reich begüterte Dame darüber in einem Brief nach Hause und schrieb: »Es war der komischste Augenblick der Zeremonie, als der bettelarme deutsche Prinz den Eheschwur leistete und gelobte, Queen Victoria seine gesamte irdische Habe zu Füßen zu legen.«

Last der Lust

Am 21. März 1840 – nach fünf Wochen Ehe – erwachte die Queen, und ihr war übel. Sie mußte sich erbrechen und nahm zur Kenntnis, daß sie schwanger sei.

Verzweifelt weinte sie in ihre Kissen.

Zwei Monate zuvor hatte sie in ihrem Tagebuch gestanden, wie sehr sie sich auf die Ehe freue, und wie ihr das Gebären gleichermaßen angst mache.

»Das ist das EINZIGE, was ich fürchte«, hatte sie geschrieben.

Jahre danach bezeichnete sie eine Schwangerschaft als »unglückliche Umstände nach lustvollem Genießen.«

Überalbert

Der jungen Victoria war 1837 ein schweres Erbe zugefallen. Ihr Thron stand anfangs auf recht schwachen Füßen, und sie benötigte etliche Jahre, um den Respekt, der jedem ihrer hannoverschen Vorgänger vom Volke über Generationen hin versagt worden war, zurückzugewinnen.

Doch Hasser, Feinde sogar, blieben.

Als am Frühabend des 10. Juni 1840 die Queen und Prince Albert in einer offenen Kalesche den Constitution Hill hinauf auf Hyde Park Corner zu fuhren, zerfetzten zwei Pistolenschüsse die Stille und ließen die Vögel im Green Park aufstieben. Auch Victoria hatte so etwas wie einen Knall vernommen.

Noch ehe sie nachzudenken vermochte, warf

Albert sich, die Gefahr für sein eigenes Leben ignorierend, über sie.

»Nieder!« schrie er, als ob er die Revolution ausriefe, um die Monarchie zu stürzen. Sie aber legte das als heftige Annäherung aus!

»Huch!« stieß sie freudig überrumpelt hervor. »Solch Ungestüm aber auch – unter den Augen meiner Untertanen!«

Doch einer jener Untertanen stand am Straßenrande, und er drohte mit zwei auf sie gerichteten Pistolen. Er feuerte nochmals zwei Schüsse ab!

»Schlagt den Kerl tot! Bringt ihn um!« schrie die aufgebrachte Volksmenge, und die bestürzten und wie gelähmten Leibwächter der Queen regten sich endlich. Edward Oxford hieß der Attentäter, ein geistig verwirrter Mann.

»Nur ein jämmerlicher Wurm«, meinte Premierminister Lord Melbourne beruhigend gegenüber seiner Herrin.

Der Attentäter hätte dem damals noch unpopulären Deutschen, Albert, dem Retter und auf einmal Bekannten und Bewunderten, keinen größeren Dienst erweisen können.

Ex oriente lux

In dem Maße wie Victorias erste Schwangerschaft voranschritt, stützte sie sich in Staatsangelegenheiten immer stärker auf Albert. Mehr und mehr Akten gingen über seinen Schreibtisch.

Der Prince versuchte die Gedanken seiner Gemahlin von der bevorstehenden Geburt hin zur Ostpolitik und zur Lösung des derzeit brodelnden Konfliktes zwischen der Türkei und Ägypten zu lenken.

Victorias Biographin Elizabeth Countess of Longford ging in ihrem 1964 erschienenen Buch so weit, zu behaupten, die politischen Diskussionen zwischen Victoria und Albert hätten beide zu dem Entschluß gebracht, das erwartete Kind auf den Namen »Turko-Egypto« taufen zu lassen.

Das Erstgeborene würde natürlich ein Knabe und Thronfolger sein.

Prinz Minus

Am 21. November 1840, zwei Stunden nach dem Mittag und drei Wochen zu früh, kam die Queen mit einer Tochter, der *Princess Royal,* nieder.

»Da fehlt etwas!« tuschelte eine Kammerfrau einer anderen zu.

»Oh, Madam, es ist eine Prinzessin«, gestand der königliche Gynäkologe in einem Ton, als ob ihm ein Kunstfehler unterlaufen sei.

»Ach was«, meinte die Queen gnädig, »da wird es eben beim nächsten Mal ein Prinz.«

Gebärmutter

Die nächste Schwangerschaft ließ nicht lange auf sich warten. Der Winter des Jahres 1840 war noch nicht vorüber, und Victoria litt erneut an Morgenübelkeit. Victoria und Albert, den beiden leidenschaftlich verliebten Einundzwanzigjährigen, dämmerte es, daß sie wohl Enthaltsamkeit üben müßten, sollte nicht ein Kind dem anderen folgen. Dazu durchzuringen vermochten sie sich dennoch nicht.

Ihrem Onkel Leopold, dem belgischen König, schrieb Victoria am 5. Januar 1841: »Ich glaube, liebster Onkel, Du kannst nicht wirklich von mir erwarten, daß ich die Mutter vieler Kinder werde. Eine große Familie wäre nämlich eine Mühsal, und sie würde arge Unannehmlichkeiten nach sich ziehen. Du weißt es ja: Die Männer denken nie oder wenigstens selten daran, was sie einer Frau zumuten, wenn sie so oft gebären muß. Aber die Männer sind doch, wie ich nunmehr weiß, ständig von der Gier nach ihrem Vergnügen getrieben.«

Was sollte Onkel Leopold dazu bloß sagen?

Pussy Royal

Das Anfangsverhältnis Victorias zu der kleinen Princess Royal wird als »liebevoll distanziert« beschrieben.

Zweimal täglich stattete das Baby seiner Mutter einen Besuch ab. Als es sechs Wochen alt war, erlebte die Queen zum zweiten Male, wie es gebadet wurde, und so lange es die Taufe als »Victoria Adelaide Mary Louise«, genannt »Vicky«, noch nicht hinter sich gebracht hatte, was geraume Zeit später erfolgte, hieß es einfach »das Kind«.

Noch später nannten die Eltern ihre kleine Tochter

»Pussy« oder »Pussette«, und gelegentlich eines euphorischen Gefühls bezeichnete die Queen ihre Pussy als »mein nettes kleines Spielzeug«.

Krethi, Plethi und Jones

Im Buckingham Palace hatte sich seit Jahren unglaublicher Schlendrian breitgemacht. So konnte es zu einem Ereignis skurrilster Art kommen.

Am 3. Dezember 1840 gegen zwei Uhr morgens lag der Palast in tiefer Ruhe. Die Queen hatte die vierzehn Tage vorher geborene Princess Royal noch bei sich im Wochenbett.

Plötzlich knarrte eine Tür. Mrs. Lilly, eine der königlichen Pflegerinnen, fuhr aus dem Schlaf hoch und wagte sich auf den Korridor hinaus.

»Wer ist da?« rief sie verhalten.

Eine Antwort blieb aus, aber die Tür zum Ankleidezimmer der Queen öffnete sich langsam einen Spalt weit. Als Mrs. Lilly vor Schreck aufschrie, schlug die Tür zu und wurde von innen verriegelt.

Ein Page kam herbeigehetzt und in seinem Gefolge Fräulein Lehzen, die Gouvernante. Vereint drangen sie in den Ankleideraum ein. Der Page lugte unter ein Sofa und wich entsetzt zurück. Nicht so die deutsche Pastorentochter Lehzen. Mit resolutem Schwung riß sie das Sofa zur Seite, und – ein Knabe lag da, zusammengekrümmt.

Dieser Junge, ein unansehnliches, verwachsenes Kind von immerhin schon siebzehn Jahren, ging als

»Knabe Jones« in die Geschichte ein. Drei Tage lang hatte er bereits im Palast zugebracht, »königliche Speisen« genossen, sich auf den Thron gesetzt, die Queen beobachtet und die Kronprinzessin schreien gehört.

»Unfaßbar!« murmelte Victoria. »Angenommen, er hätte mir in meinem Schlafgemache gegenübergestanden, und ich, unziemlich gekleidet! Man stelle sich das vor!«

Prince Albert stand nicht der Sinn danach, sich solches vorzustellen.

»Schluß damit!« bestimmte er. »Krethi und Plethi bleiben mir hinfort draußen, vor den Toren!«

So strikt kann sein Gebot allerdings nicht beherzigt worden sein; denn auch Elizabeth II., die Queen unserer Tage, hatte schon ihre gelegentlichen Besucher zur Nacht.

Ein ganzer Albert

Queen Victoria wird zu Unrecht nachgesagt, sie habe Kinder nicht gemocht. Allerdings wußte sie, bis eines ihrer Kinder etwa sechs Monate alt war, nichts Rechtes mit ihm anzufangen und betrachtete es als »häßlichen Frosch«.

Das mit einer Geburt einhergehende Gewese jedoch haßte sie regelrecht. Sie nannte es »the shadowy side of marriage« oder häufiger und direkt auf deutsch »die Schattenseite einer Ehe«. Schließlich war das Gebären kein Thema gehobener Konversation und verdiente somit nicht, in englischer und von allen verstandener Zunge erörtert zu werden.

Dabei war sie kurz nach Pussys Taufe bereits zum zweiten Male schwanger.

»Ach, hättest du doch noch ein bißchen gewartet«, seufzte verzweifelt ihre Mutter.

»Warten, warten!« fuhr ihr Victoria, wütend auf sich selbst, in die Parade. »Habe ich *einen* Gemahl – oder ein *bißchen* Gemahl!?«

Dash Maß aller Dinge

Das Jahr 1840 endete mit dem Hinscheiden des Jugendfreundes der Queen, ihres geliebten Spaniels Dash. Das Tier wurde im Park zu Windsor zur letzten Ruhe gebettet, und auf einem Marmorblock ihm zu ewigem Gedenken steht:

Hier ruhet
DASH
Der Lieblingsspaniel Ihrer Majestät
Königin Victoria.
Er erreichte das 10. Lebensjahr.
Seine Anhänglichkeit war selbstlos,
Seine Verspieltheit ohne Arg,
Seine Treue wahrhaft.
DER DU DIESE ZEILEN LIEST:
So du geliebt zu werden
und betrauert zu sterben trachtest,
Sei immerdar eingedenk des Vorbildes von
DASH.

Dash war offenbar zum Maß aller Dinge geworden, und Vicky, »das Kind«, mußte ihm gerecht werden. Als sie vier Monate zählte, begehrte ihre Großtante, sie auf den Arm zu nehmen und zu liebkosen, wie Dash das so genossen hatte.

»Leider, leider«, schrieb die enttäuschte Mama in ihr Tagebuch, »schrie das Kind & war unausstehlich.«

Volkstanzmeister

Lord Melbourne war 1841 als Premierminister von dem konservativen Sir Robert Peel zum zweiten Male abgelöst worden. Peel aber entstammte nicht dem Adel, sondern dem profanen Bürgertum.

»Ein Gentleman ist er nicht gerade«, räsonierte Queen Victoria, »eher gemahnt er mich an einen öffentlichen Tanzmeister.«

Als ob sie jemals auf einem Schwof gewesen wäre!

Kammerfrauenkummer

Premierminister Lord Melbourne hatte Victoria mit Kammerfrauen und Hofdamen seiner eigenen Partei, der Whigs*), umgeben.

Als der Tory-Politiker Sir Robert Peel schließlich das Amt und damit Melbournes Nachfolge übernahm, waren ihm die königlichen Damen von der

---

*) seit 17. Jh. politische Vertreter des englischen Landadels, der Handels- und Bankbourgeoisie; seit 1840 Bezeichnung für Mitglieder der Liberalen Partei

falschen Partei ein Dorn im Auge. Er trachtete danach, der jungen Queen seine eigenen weiblichen Werkzeuge ins Nest zu setzen. Schließlich suchte Peel in der sogenannten Hofdamenkrise*) die offene Auseinandersetzung mit Queen Victoria.

»Mit Verlaub, Madam, Ihre Hofdamen ...«, bemühte er sich, das leidige Thema anzuschneiden, erhielt jedoch eine schroffe Abfuhr:

»*Meine* Hofdamen – Sie sprachen ganz richtig von *meinen* Hofdamen. Nun, sie gehen Sie nichts an. Und sie bleiben.«

»Wie, Madam?« wagte Sir Robert nachzufragen. »Ihre Majestät wollen sie alle behalten?«

»Alle!« warf ihm die Queen knapp hin. »Und ist mein neuer Premierminister so schwach?« setzte sie hinzu. »Und hat er vor meinen Hofdamen vielleicht Angst? Dann dürfte mein neuer Premierminister ein für ihn kaum geeignetes Amt bekleiden wollen.«

Peel versuchte nie wieder, sich mit seiner Queen anzulegen.

Singender Seifenschaumschläger

Vielen Briten, insbesondere aus dem Hochadel, war Albert, Victorias Gemahl, das Unenglischste auf zwei Beinen. Seine Physiognomie wies regelmäßige Züge auf, doch zu makellos war sie. Er verfügte über eine stattliche Körpergröße, wirkte aber ungelenk.

---

*) im Englischen etwas dramatischer als »bedchamber crisis« (Schlafzimmerkrise) ausgedrückt

»Wahrhaftig, wie ein Sänger sieht er aus, wie ein Tenor vielleicht«, flüsterte Lord Knaresborough einem anderen im Oberhaus zu.

»Meiner Treu«, gab Lord Danby zu bedenken, »ich möchte in ihm eher einen Barbier sehen, wie er Seifenschaum schlägt, einen deutschen obendrein.«

Der Queen kam diese lästerliche Rede zu Ohren.

»Und meiner Treu«, gab sie ihrem Privatsekretär gegenüber von sich, »die Stunde wird kommen, und die beiden Frevler werden bitter bereuen!«

Perfides Albion

Wie sah der deutsche Prince Albert die Engländer? Einem coburgischen Verwandten gestand er:»Ungern beschreib ich sie. Ihre Interessen liegen recht eng beieinander, und es geht ihnen zuvörderst um die Fuchshatz und den geheiligten Sonntag. Ihr Gehabe ist unecht und ihre Würde desgleichen. Spricht man ihnen von herzlicher, ungebundener Fröhlichkeit, so starren sie einen begriffsstutzig an. Den Gesetzen der Logik sind sie abhold, und der Geist deutscher Universitätszucht würde sie vergebens umstreichen und vermöchte ihre Hirne mitnichten fruchtbar zu bestäuben. Nein, mein Bester, ich kann mit ihnen kaum etwas gemein haben, muß davon abstehen.«

»Mein Engel hat unsere Rasse so trefflich beschrieben«, vermerkte Victoria, »und in der Tat, er hat so recht! Wir sind so wie er uns sieht.«

Glückskönigin

Victoria war hemmungslos in Albert verliebt. Eine Hofdame beschrieb ihr einmal jemand als »glücklich wie eine Königin«, verstummte jedoch sogleich wegen dieser Gedankenlosigkeit.

Ihre Majestät rettete sie jedoch aus der peinlichen Lage und sagte:»Wahr haben Sie gesprochen. So ist es. Eine Königin ist eine sehr glückliche Frau.«

Schlüsselerlebnis

Gelegentlich gab es königlichen Ehekrach. Einmal war Albert davongestürmt, hatte in seinem Zimmer den Schlüssel herumgedreht und sich eingeschlossen. Victoria betrachtete dies als unannehmbare Herausforderung und klopfte ungestüm an die Tür.

»Wer klopft da?« fragte er unwirsch.

»Die Queen of England«, ließ sie sich hoheitsvoll vernehmen.

Er blieb stumm.

Sie hämmerte erneut an die Tür, und das Spiel wiederholte sich mehrere Male. Endlich besann sich Victoria und klopfte so sacht und zart wie sie nur vermochte.

»Wer klopft da?« klang die barsche Frage.

»Deine Frau, Albert, mein Liebster«, hauchte sie.

Die Tür und seine Arme öffneten sich gleichzeitig.

Maden im Speck

Im Haushalt an Victorias Hof herrschten ungeheuerliche Zustände. Eine Hand wußte nicht, was die andere tat. Zu gewaltig war das Vakuum zwischen Herrschaft und Bediensteten, königlicher Familie und Untertanen. Die Dienerschaft lebte wie die Maden im Speck. Sie tat sich gütlich an den Köstlichkeiten der königlichen Küche und benutzte die Staatskutschen für ihre oder ihrer Familien und Freunde Ausfahrten.

Der Haushofmeister machte sich zum allgemeinen Ärgernis. Wegen jeder Kleinigkeit wandte er sich direkt an die Queen. Wurde ihm beispielsweise geboten, einen Hund zu beschaffen, so kam er dieser Weisung nach und bestand darauf, in Audienz empfangen zu werden, um sodann zu vermelden: »Mir wurde gnädigst befohlen, einen Hund zu besorgen. Ich habe den Befehl gehorsamst ausgeführt. Majestät mögen über das Tier gebieten.«

»Steht der Soßenkoch vielleicht auch mit einer Vollzugsmeldung vor der Tür – oder der Stiefelputzer?« giftete die Queen ihn einmal an.

Tür auf, Tür zu

Beherbergte die Queen hohe Gäste, so mußten sich diese mit einigen Widrigkeiten abfinden. Kaum jemand betreute sie, niemand fühlte sich bemüßigt, sie in ihre Zimmer zu geleiten oder ihnen die Orientierung in den gewundenen Korridoren und dunklen Treppenschächten zu erleichtern.

Premierminister Lord Palmerston drang versehentlich in das Schlafgemach einer der Hofdamen ein.

Der französische Außenminister fand sich einst zu seiner Überraschung im Ankleidezimmer Ihrer Majestät und glaubte, eine Erscheinung zu erleben, als die Queen höchstselbst im Korsett vor ihm stand.

Ein »Huch!« der Monarchin und ein spitzer Schrei der Zofe ließen ihn das Weite suchen.

oo

A m Hofe Victorias nahmen die Belange der Bequemlichkeit und der Hygiene keinen hohen Rang ein. Weil bitter nötig, wurde im Buckingham Palace über dem Schlafgemach und direkt zu Häupten der Queen ein neuer Abort eingebaut und an die Ableitungsrohre für das Regenwasser angeschlossen. Was sich aus diesem Rohrsystem ergoß, trat unter dem Fenster ihres Ankleideraumes nahezu pur zutage und ließ den Rasen in besonders sattem Grün aufwuchern.

»So, so – so ist das also«, sinnierte sie in Gegenwart einer Hofdame, »was all die Leute hier im Palast von sich geben, erweist sich als geradezu wohltätig für den Rasen meines Parks.«

Kalte Pracht

D urch die königlichen Gemächer zog unangenehme Kühle. Als junges Mädchen hatte Victoria den fröstelnden Ministern stets ein leuchtendes Beispiel dafür gegeben, wie man *nicht* friert. Bald aber gestand sie, daß auch sie unter den niedrigen Temperaturen litt und stimmte in den Chor der sich Beklagenden ein. An einem besonders kalten – und für britische Verhältnisse »eisigen« – Tag, zeigte das Thermometer in ihren Räumen knapp dreizehn Grad.

Am nächsten Morgen erwachte sie heiser, die Stimme versagte ihr. In einem persönlichen Brief vom Bett aus an ihren Leibarzt kritzelte sie: »Bin ohne Stimme. Kann nicht herrschen. Unverzüglich erscheinen!«

Lord gegen Lord

An einem kalten Wintertag fiel der Queen plötzlich auf, daß niemals Feuer im Speisezimmerkamin brannte. Sie erkundigte sich nach dem Grund.

Die Antwort lautete lakonisch: »Der Lordtafelmeister läßt das Holz richten, und der Lordkämmerer läßt es anzünden.« So weit, so gut.

Nachteilig wirkte sich nur aus, daß sich niemand fand, der die Untergebenen der beiden Würdenträger darin unterwies, wie die an sie gestellten Anforderungen in die Praxis umzusetzen seien.

Also blieb Victoria in der Kälte, in einem Zustand, in dem sich ihre Speisen auch befanden.

»Geliebter«, wandte sie sich per eigenhändiger Hausmitteilung verzweifelt an ihren Gemahl, »schaffe mir doch Ordnung mit den Ämtern, oder entferne jene schmarotzenden Taugenichtse von meinem Hofe!«

Albert, der Mann für alle Fälle, griff ein und durch, ist überliefert.

Der Lordtafelmeister und der Lordkämmerer waren Vertreter des britischen Hochadels, und sie bekleideten Machtpositionen. Dazu kam, daß sie sich bekriegten, wann und wo immer es ihnen angelegen zu sein schien. Im Buckingham Palace herrschte die Meinung vor, dem Lordkämmerer unterstünde sämtlicher umbauter Raum. Nein! Die Küche mit ihren Nebengelassen, die Spülküchen und Speisekammern beanspruchte der Lordtafelmeister. Und er bewachte eifersüchtig jeden Fußbreit seines Territoriums. In den äußeren Angelegenheiten rund um den Palast hatte keiner der beiden ein Wörtchen mitzureden, hier bestimmte einzig eine externe Institution, die als Wald- und Forstverwaltung firmierte. Wurden also die Innenseiten der Fenster von den Untergebenen des Lordkämmerers oder in besonderen Fällen von denen des Lordtafelmeisters geputzt, so kümmerte sich die Wald- und Forstverwaltung um das Glas von außen. Selten waren beide Seiten der Fensterscheiben gleichzeitig sauber.

Queen Victoria, deren erste Erbauung nach dem Erwachen darin bestand, zu sehen, wie es um das Wetter stand, fand sich an manchem Morgen zu raten genötigt.

»Ach, diese tägliche Düsternis!« seufzte sie eine Kammerfrau an. »Jetzt verstehe ich, warum die Deutschen meinen Gemahl so ungern in den englischen Nebel ziehen ließen.«

Nackte Enttäuschung

Weihnachten war für Victoria der Höhepunkt aller Festlichkeiten des Jahres.

Einmal wurde eine Gruppe Indianer nach Schloß Windsor bestellt. Sie erschienen in unschuldiger, doch die Queen durchaus interessierender Nacktheit.

»Ach, die mit ihrer dunklen Haut, ihrer martialischen Bemalung und all dem Gehänge rundherum – da kann man doch gar nichts sehen«, bemerkte sie und winkte ab.

Teile und herrsche

Im Jahre 1842 hatten Victoria und Albert ihre erste Reise mit der neuen Dampfeisenbahn von Windsor nach dem Bahnhof Paddington Station in London unternommen.

»Das nächste Mal nicht so rasen, Herr Schaffner«, meinte Albert mit erhobenem Zeigefinger nach überstandenem Abenteuer.

»Unsinn, schneller soll es gehen!« widersprach die Queen. Sie war begeistert. Welch ein Gefühl aber auch! Viel ruhiger und angenehmer, aber geschwinder als in einer Kalesche!

Ruhiger fuhr der Dampfzug allemal. Die königlichen Kutschen dagegen schwankten und schaukelten, und wenn sich die Fahrt nur für einen Augenblick verlangsamte, sammelten sich im Nu begeisterte Untertanen und drohten das weitere Fortkommen unmöglich zu machen. Wie lästig auf die Dauer!

Victoria hielt es für einen unbestreitbaren Vorzug

des Eisenbahnwesens, Herrscher und Untertanen fein säuberlich zu trennen.

Seekuh

Im Sommer 1842 entschloß sich die Queen, mit ihrem Gemahl Schottland zu besuchen. Die Ratgeber bestanden darauf, daß sie wegen marodierender Aufständischer im wilden Norden den Seeweg nähmen.

»Wie entzückend«, vermerkte Victoria in ihrem Tagebuch, »zusammen *allein* an Bord zu sein – keine überflüssigen Damen oder Herren.«

Nur eine Kuh reiste noch mit – als lebender Milchquell für das königliche Morgenmahl. Allein, das arme Tier litt zu arg unter der Seekrankheit und konnte nicht gemolken werden.

Victoria bestand dennoch auf Frischmilch. »Eine seekranke Kuh ist doch nicht ansteckend«, belehrte sie.

Wasserlache

Auf der dicht an Englands Südküste gelegenen Insel Wight hatten sich Victoria und Albert ein abgelegenes Refugium geschaffen – Osborne House.

An heißen Tagen durchbrach lautes, knarrendes Geräusch die Stille des Waldes. Es war der Badekarren der Queen, der auf den Strand zu rumpelte.

Der 30. Juli 1847 muß ein denkwürdiger Tag gewesen sein; denn Victoria schrieb in ihr Tagebuch:

»Fuhr mit meiner Zofe zum Strand hinunter & begab mich in meinen Badekarren, wo ich mich entkleidete und (zum ersten Male in meinem Leben) im Meere badete. Eine wohlanständige Badefrau ging mir zur Hand. Wie entzückend, dachte ich, bis ich meinen Kopf in das Wasser steckte und dachte, ich würde ertrinken. Aber ich zog ihn natürlich schnell wieder heraus, und meine fröhliche Lache muß zu laut gewesen sein. Aber es war ja sonst niemand da.«

Trachtengruppe

Im September des Jahres 1848 besuchte die Queen zum ersten Male Schloß Balmoral im schottischen Hochland. Wie erstaunte sie es aber, keinen Schotten anzutreffen, der einen Kilt trug. Hier mußte etwas getan werden, und die königliche Familie würde gewiß mit gutem Beispiel vorangehen.

Victoria sah also darauf, daß die Knaben Edward und Alfred stets Tracht trugen, und alle weiteren Königskinder schlossen sich dieser Mode an. Und weil es in der königlichen Familie sparsam zuging, vererbten die Kinder einander ihre Hochlandkluft.

Auch Albert nahm sich der schottischen Nationalkleidung an. Einmal erschien er zu spät zum Abendessen, »weil er nicht damit zurechtkam, der Tolpatsch, seinen verflixten Kilt anzulegen; es ist ihm eben nicht an der Wiege gesungen worden, eines Tages in einen Rock zu schlüpfen«, hielt Victoria fest.

Was wär Wasser ohne Whisky!

Queen Victoria schwärmte für alles Schottische. Von den Hochländern war sie begeistert. Alles gefiel ihr an ihnen – ihre Sitten, ihre Kleidung, ihre Tänze, und ganz besonders ihre Dudelsäcke.

»Neun Dudelsackpfeifer hielten sich im Schlosse auf«, schrieb sie in ihr Tagebuch. »Wir haben beide die Dudelsackmusik wirklich liebgewonnen.«

Schottischem Whisky schien in Victorias Leben eine besondere Rolle zuzukommen. Sie nahm davon »gern einen Tropfen – mit Wasser, da die Einheimischen meinen, Wasser allein möcht' zu eisig sein.«

Ein Unterrock für Kitty Kear

Die Queen schenkte gern und besonders in ihrem geliebten Schottland, und wenn sie etwas verschenkte, ergriff sie das sehr.

»Schenkte heute Mrs. Farquharson einen roten Flanellunterrock und der alten Kitty Kear einen ebensolchen. Schreibe dies gleich in mein Tagebuch, weil es mir zum *unvergeßlichen Erlebnis* wurde.«

Irischer Undank

Im August 1849 wurde erstmals eine Reise der Queen in das von Unruhen geschüttelte Irland als sicher erachtet. Im Örtchen Cobh betrat sie irischen Boden, um, wie sie schrieb, »meinen guten Untertanen die Genugtuung zu gewähren, daß ich höchstselbst Cobh in *Queenstown* umbenenne.«

Sieben Jahrzehnte später nahmen sich die guten

Untertanen von Queenstown dann die Genugtuung, ihr Nest mit dem großartigen Namen in Cobh rückzubenennen.

Zeitverschwendung

Jede Stunde, die die Queen getrennt von ihrem Gemahl verbringen mußte, war ihr vertane Zeit. Doch Albert liebte es, sich gelegentlich außerhalb der Mauern des Buckingham Palace umzusehen und auf seine Weise weiterzubilden.

Im März 1850 schrieb Victoria: »Nach dem Abendessen ging Albert, um sich einen Vortrag über Magnetismus anzuhören. Erschöpft kehrte er zurück & zeigte sich nicht sehr erbaut. – Habe ich nicht Anziehungskraft genug?«

Schranzenlogik

Nicht alle britischen Untertanen liebten ihre Königin. Es hatte bereits mehrere Anschläge auf Victorias Leben gegeben.

Am 27. Juli 1850 fuhr die Queen ohne Leibwächter in ihrer Kutsche aus. Nur ihre Kinder – Edward Prince of Wales, Princess Alice und Prince Alfred – sowie eine Hofdame begleiteten sie.

Ein ausgemusterter Offizier sprang plötzlich auf den Wagen und versetzte ihr einen derben Hieb auf den Kopf. Einen Augenblick lang war es Victoria schwarz vor Augen; sie rappelte sich jedoch sogleich wieder auf und versuchte, die Umstehenden zu beruhigen.

»Ich bin nicht verletzt!« rief sie. Doch ihre blutunterlaufenen Augen straften sie Lügen.

Der Schock saß tief, und sie vermochte an jenem Abend keine Speise zu sich zu nehmen, rang sich jedoch zu einem vorgesehenen Opernbesuch durch, wo sie zu spät eintraf und die Vorstellung unterbrach. Spontan erhob sich das Publikum und jubelte ihr fünf Minuten lang zu. Danach intonierte die italienische Schauspielertruppe »*God Save the Queen!*«

Einer der Höflinge wagte sich mit der Meinung heraus, angesichts der überwältigenden Liebe des Volkes zu ihrer Queen habe sich der Anschlag auf Leib und Leben der Herrscherin wohl gelohnt. Das klang so, als habe er sagen wollen, Ihre Majestät könne durchaus den Status einer Göttin erlangen, ließe sie sich nur immer mal wieder gehörig verprügeln.

Die Queen sah das ganz anders und blitzte der kecken Schranze einen vernichtenden Blick zu.

Gretchenfrage

Gemahl Albert gebührt das Verdienst, Victoria in die Welt der Kunst eingeführt zu haben. Und bald konnte sie davon nicht genug bekommen. *King John* von Shakespeare war ihr Lieblingsdrama.

»Was für ein Mann, dieser Shakespeare!« schwärmte sie.

Goethes *Faust* erwies sich als härtere Nuß. Sie begriff das Stück nicht bis ins letzte, doch von Gretchens Geschichte fühlte sie sich angerührt.

»*Mußte* sie denn? Ach, das arme, arme verführte Gretchen! Wie sind wir Frauen doch allesamt Schicksalsschwestern«, seufzte sie in ihr Schnupftüchlein und übernahm die Rolle der Frauenrechtlerin.

Kotau

Am 1. Mai 1851 eröffnete die Queen im eigens in den Hyde Park gesetzten »Kristallpalast« die Londoner Weltausstellung, für die Prince Albert unermüdlich gearbeitet hatte. Herren und Damen von Rang und Namen waren in großer Zahl erschienen.

Ein Mitglied des Londoner Diplomatischen Korps, ein kleiner Chinese, zog aller Aufmerksamkeit auf sich. Er huldigte der Queen, indem er sich vor ihr in den Staub warf.

Ihre Majestät war tief beeindruckt und zweifelte nicht, daß er ein außerordentlich bedeutender Mandarin, ein hoher Vertreter des Himmlischen Reiches sein müsse.

In Wirklichkeit handelte es sich um einen gewissen He Sing, der mit einer chinesischen Dschunke für einen Schilling pro Kopf die Londoner auf der Themse herumfuhr. Zufällig war er in die Prozession wie auch in das spätere Gemälde von der Ausstellungseröffnung geraten.

Die Queen erfuhr das nicht, denn über die Maßen hatte ihr die chinesische Huldigung gefallen.

Allerweltsorden

Fast täglich besuchte Queen Victoria die Weltausstellung im »Kristallpalast«. Ihr Leben lang war sie darauf erpicht, Neues zu sehen und zu erleben. Eine gesunde Neugier gehörte zu ihren Charakterzügen.

Beeindruckt war sie von Perlen aus Indien, langen Jagdmessern aus Sheffield, Präzisionsschlössern, dem elektrischen Telegraphen und einer Maschine, mit der sich pro Woche fünfzig Millionen Orden und Ehrenzeichen herstellen ließen.

»Du lieber Himmel!« staunte Ihre Majestät. »Fünfzig Millionen Orden in einer Woche! So viele Heldentaten zu vollbringen, möcht' nicht einmal der Menschheit aller Welt gelingen!«

Stichprobe

Die Queen war von der Weltausstellung fasziniert, und alles interessierte sie. Eines Tages betastete sie an einem amerikanischen Ausstellungsstand feine figürlich gestaltete Seifenstücke. Sie sahen wie echter Marmor aus, so daß sie kurzentschlossen eine Nadel aus ihrem Umhang zog, um festzustellen, ob sich der »Marmor« wohl stechen oder ritzen ließe.

»Bitte gnädigst um Vergebung, Euer Majestät«, wagte der Aussteller zu stammeln, »Ihr bringt Präsident George Washingtons Kopf arge Verletzungen bei!«

Verblichener Erblasser

Im Jahre 1852 verabschiedete sich ein notorischer Geizhals von dieser Welt. Er hieß John Camden Nield und hinterließ seiner Queen zweihundertfünfzigtausend Pfund Sterling. Sie würde keinen Penny davon verschwenden, davon war er bei seiner Verfügung ausgegangen.

Zunächst glaubte Victoria an einen Witz. Nachforschungen ergaben jedoch, daß es sich bei dem Verblichenen um einen echten und ernstzunehmenden Sonderling gehandelt hatte, einen Vertreter jener Spezies, die sich in Britannien so heimisch fühlt.

Queen Victoria stiftete dem Wohltäter ein Kirchenfenster.

»Möge er glücklich wieder auferstehen«, schrieb sie in ihr Tagebuch.

Vollnarkose

Bei der Geburt von Prince Leopold am 7. April 1853 wurde der berühmte Narkosearzt Dr. John Snow aus Edinburgh herbeigeholt, damit er die Queen auf moderne Art chloroformiere.

»Dr. Snow«, so schrieb Victoria, »verabreichte mir das gesegnete Chloroform, & die Wirkung war über die Maßen schmerzstillend, beruhigend & angenehm.«

Was sie da geschrieben hatte, war gewiß freundlich, mehr aber auch nicht.

Im Jahre 1847 nämlich war die erste Patientin des Chloroform-Entdeckers Dr. Simpson so verzückt, daß

sie ihr neugeborenes Mädchen auf den Namen
»Anaesthesia« taufen ließ.

Hab acht!

Prince Leopold entwickelte sich zu einem schwer-
erziehbaren Kind. Er trieb die Queen an den Rand
der Verzweiflung.

»Gleich setzt es eine Tracht Prügel!« drohte sie im
Beisein ihrer Mutter.

»Nicht doch!« versuchte die Duchess of Kent zu
beschwichtigen. »Ich kann kein Kind weinen hören.«

»Hab erst einmal acht«, erwiderte Victoria eine
Spur zu scharf, »das härtet ab, und dann kannst du.«

Erste Anzeichen

Als die Queen eines schönen Tages im Jahre 1855 ihre
älteste Tochter Vicky so betrachtete, murmelte sie
nachdenklich vor sich hin: »Fünfzehn Jahre ... das
Kind ist ... es *muß eine Frau sein!*«

Und »das Kind« verstand es schon, recht vielsa-
gend mit den Augen zu zwinkern und die Kammerherren zu verwirren und zu peinigen.

Während einer Ausfahrt, ließ die Princess Royal
einmal ihr Schnupftüchlein fallen und amüsierte sich
köstlich, als die Bediensteten losrannten und wie
tanzende Derwische durcheinanderwirbelten, um
das königliche Accessoire zu bergen.

Bei einer anderen Gelegenheit, als Mutter Victoria
mit in der Kutsche saß, versuchte die Kleine wiederum, die Kammerherren rennen zu lassen.

»Zurück, ihr Leute!« schaltete die Queen sich ein und machte dem Treiben ein Ende. »Victoria, los! Aufheben!« gebot sie.

Das verwöhnte Mädchen mochte schmollen wie es wollte. Ihre Majestät hatte gesprochen.

Hoffnungslos sinnlos

Der Prince of Wales konnte und wollte offensichtlich nicht lernen.

Eines Abends Ende März 1855 traten Victoria und Albert hinaus in den Park hinter dem Buckingham Palace, um sich über den Knaben zu unterhalten.

Der verhielt sich aber auch absonderlich! Er verehrte Napoleon III. und hatte jenem während einer Kutschfahrt durch Paris gestanden: »Ich möchte gern Ihr Sohn sein.«

Von Sardiniens König war er zutiefst beeindruckt, nur weil dieser ein Schwert besaß, mit dem man angeblich einen Ochsen mit einem Hiebe in zwei Hälften zerteilen konnte.

Victoria unterdrückte ihre Enttäuschung kaum noch.

»Ich fürchte, der Knabe ist von Sinnen«, bemerkte sie resignierend.

Hemmungslos ahnungslos

Als Beatrice, ihr neuntes Kind, geboren wurde, war Victoria achtunddreißig Jahre. Hatte sie in der Vergangenheit gebärfreudige Frauen verächtlich als

»Kaninchen« bezeichnet, so schämte sie sich dessen inzwischen und befürchtete für sich selbst noch länger anhaltende Fruchtbarkeitserfolge.

Behutsam ging sie ihren Leibgynäkologen um dessen Meinung zum Thema Empfängnis und Niederkunft an, und der gute Doktor konnte mit noch mehr Delikatesse nur darauf hinweisen, daß die einzige legale und moralische Lösung des Problems in totaler Enthaltsamkeit bestehe.

»Oh, Doktor«, soll sich die Queen deprimiert geäußert haben, »darf ich denn im Bett überhaupt keinen Spaß mehr haben?«

Victorias Biograph Stanley Weintraub hält diese verzweifelte Frage weder für königlich noch für victorianisch. Allerdings, meint er, zeuge sie in ihrer Grundaussage – nach neun Kindern und siebzehn Ehejahren – von Victorias sexueller Naivität.

Schwere Prüfung

Zu Weihnachten 1857 mußte sich Edward, der Sechzehnjährige, einer Prüfung durch seinen Hauslehrer Mr. Gibbs unterziehen. Mr. Gibbs war ein staubtrockener Lateinpauker. Er gab seinem königlichen Schüler zweieinhalb Stunden, auf daß er Fragen zur Geschichte des Altertums wie der Neuzeit beantworte.

Zur alten Geschichte entpreßte sich der Prince of Wales lediglich drei Zeilen, und die sagten bereits alles: »Der Krieg von Tarentum spielte sich ab zwischen Hannibal, dem General, und den Römern, gegen die Hannibal Krieg führte, eine Zeitlang ... «

»Allmächtiger! Was wird der Knabe dermaleinst über uns zu berichten wissen!« stöhnte Victoria.

Verkehrserziehung

In ihrem Familienleben ging es der Queen vornehmlich um drei Aspekte: Moral, häusliche Eintracht und »die gute Erziehung unserer Kinder«.

Als in der Zeit um den siebzehnten Geburtstag des Prince of Wales dessen Fragen hinsichtlich der Bedeutung bestimmter Wörter und Ausdrücke immer drängender wurden, erteilte Victoria Edwards Hauslehrer die strikte Instruktion, dem königlichen Sproß eine erschöpfende und dabei züchtige Erläuterung abzugeben über »Zweck und Mißbrauch der geschlechtlichen Vereinigung«.

»Schaden kann es keinesfalls; begreifen wird er ohnehin nichts davon«, setzte sie desillusioniert hinzu.

Vorehekrach

Behutsam näherten sich die Königshäuser von England und Preußen einander an. Das strategische Ziel zum gegenseitigen Nutzen bestand darin, eine Heirat der Princess Royal Victoria mit Kronprinz Friedrich von Preußen herbeizuführen.

Auf Grund ihres Mehrungs- und Ausbreitungsdranges bezeichnete Bismarck die britische königliche Familie jedoch verächtlich als das »Gestüt von

Europa«. Berlin beharrte auf seinem Standpunkt, daß die Hochzeit der englischen Prinzessin in Deutschland stattfinde.

In einem Brief an ihren Außenminister Lord Clarendon ließ Queen Victoria ihrem Zorn freien Lauf:

»... Davon auszugehen, es sei für einen preußischen Kronprinzen *zuviel, herüberzukommen,* um die *Princess Royal von Großbritannien* IN England zu heiraten, ist, um es milde auszudrücken, einfach absurd. Wie die preußischen Prinzen es auch immer halten mögen, es geschieht nicht *jeden Tag,* daß man die älteste Tochter der Queen of England heiratet.«

Die Hochzeit fand dennoch statt – natürlich in England. Und Tochter Victoria wurde später die Mutter des deutschen Kaisers Wilhelm II.

Armer Fritz

Fast hätte es doch keine englisch-preußische Liaison gegeben. So begeistert Victoria über die bevorstehende Verbindung ihrer Tochter mit Prinz Friedrich Wilhelm, dem »Fritz«, war – später kamen ihr doch Zweifel.

Die *Times* tat Fritzens Familie als »armselige deutsche Dynastie« ab, und die Preußen ließen sich auch nicht gerade zu Stürmen anglophiler Begeisterung hinreißen.

Noch im Januar 1856, zwei Jahre vor der Vermählung, schrieb die Queen in ihr Tagebuch: »Ich bin bitter verärgert über das Verhalten des preußischen

Hofes und der preußischen Regierung, und mir gefällt der Gedanke jetzt nicht mehr, daß *unser Kind* nach Berlin, in *das Nest des Feindes* geht.«

Genußmensch

Es hatte die Queen vor Entsetzen geschüttelt, daß ihre Tochter sich mit einem rein deutschen Hofstaat umgeben sollte.

Lord Granville, einer ihrer Vertrauten, goß auf seine schrullige Art noch Öl ins Feuer, indem er Victoria riet, die Princess Royal möge sich auf jeden Fall davor hüten, etwa eine russische Kammerzofe in ihre Dienste zu nehmen.

»Erst kürzlich«, meinte er, »ist nämlich ein solches Mensch dabei erwischt worden, wie es die Rizinushaarpomade ihrer Dame auffraß.«

Froschkönig

Die Queen hatte inständig gehofft, daß ihre Tochter nicht gleich im ersten Ehejahr schwanger würde. Sie erinnerte sich mit Schrecken daran, wie sie gelitten hatte, als sie ihre Jungmädchenfigur auseinanderquellen sehen mußte, und sie durchlebte noch einmal die Depressionen, die mit den Geburten ihrer ersten beiden Kinder einhergegangen waren.

Bereits im April 1858 aber befand sich ihre Tochter gesegneten Leibes, was sie allerdings als »in unglücklichen Umständen« zu bezeichnen beliebte.

Schließlich gestand die Queen grollend ein, kleine

Kinder seien eigentlich doch etwas Schönes, besonders wenn sie jenem »Froschstadium, das man, wenn sie gebadet werden, auch noch bewundern soll«, entwachsen seien. »Und sind ihre kleinen Glatzen mit Spitzenhäubchen bedeckt, können sie ausgesprochen niedlich sein.«

Sodom

Mit dem Kindergebären kannte sich Victoria bestens aus, und mit einem wohlgemeinten Rat für ihre Tochter in der Fremde war sie immer bei der Hand:

»Daß es Dich stolz macht, einer unsterblichen Seele Leben zu geben, hast Du sehr schön gesagt. Ich muß allerdings gestehen, ich kann mich dem nicht anschließen. Ich denke, wir ähneln in solchen Augenblicken viel eher einer Kuh oder einer Hündin.«

Patenbrigade

Am 27. Januar 1859 brachte Victorias Tochter Vicky einen Sohn, Prinz Wilhelm, zur Welt.

Die Queen war entzückt, Großmutter und Patin eines Wilhelm zu sein, hatte sie doch ihre Tochter davor gewarnt, ein Mädchen zu gebären, das dann einen der im preußischen Stammbaum wuchernden »Dienstmädchennamen« bekommen würde. In einem solchen Falle stünde sie als Patin nicht zur Verfügung.

»Außerdem, meine Tochter«, schrieb sie, »*zweiundvierzig Paten* – das ist übertrieben. Wollen wir uns denn gegenseitig überbieten?«

Kein Spaß

Aus königlichem Gemach erscholl grelles Gelächter. Das hörte sich fast frevelhaft an – im Palast! Einer der Höflinge, der Ehrenwerte Alexander Grantham Yorke, imitierte Ihre Majestät in Sprache und Gestik geradezu meisterhaft.

Da öffnete sich die Tür, und – Victoria trat überraschend und leibhaftig auf die Szene.

Unerhört!

Sie zügelte ihren auflodernden Zorn und bemerkte mit ätzender Säure in der Stimme lediglich: »Das belustigt Uns mitnichten.« Gleichsam in Großbuchstaben kam das »UNS« aus dem majestätischen Munde.

Der vorlaute Höfling ist mit weiteren Taten nicht in die Geschichte eingegangen.

»Irrtum«, sagte der Igel ...

Queen Victoria wurde kein besonders ausgeprägter Sinn für Humor nachgesagt. Lord Granville meinte geringschätzig, so richtig herzhaft würde im Kreise der königlichen Familie eigentlich nur gelacht, wenn einer eine Tür laut ins Schloß knalle und ein anderer mit seinem Daumen dazwischengerate.

Prince Albert aber hatte gern und immer wieder eine Begebenheit aus seiner Jugend in der Heimat erzählt, und jedesmal, wenn Victoria diese Geschichte hörte, gönnte sie sich ein herzhaftes und gänzlich unkönigliches Lachen.

Es ging dabei um eine monumental und rechteckig wirkende Dame in einem weißen Kleid im Festsaal am Hofe zu Coburg. Ein halbblinder Greis sei auf ebendiese Weibsperson zugetorkelt, habe ihr den Rücken zugekehrt, die Frackschwänze gelüpft und sein Hinterteil wärmesuchend an ihrem Bauch gerieben. Er hatte sie für einen Kachelofen gehalten.

Napoleonischer Hochsitz

Victoria hatte einen neuen Freund gewonnen und sich von ihm bestricken lassen – Napoleon III., und sie schwärmte von ihm wie ein junges Mädchen in der ersten Liebe: »Er war so still, so einfach, fast naiv, so gütig, so voll Takt, Würde und Bescheidenheit, so voller Aufmerksamkeit gegen uns. Und er sagte nie ein Wort oder tat etwas, was mich irgendwie hätte aus der Fassung bringen können«, schrieb sie und bemerkte auch, daß er »mit großer Würde und Hingebung tanzte, außerordentlich gut ritt und überhaupt sich zu Pferde gut ausnahm, da er einen hohen Sitz hat.«

Größe im Kleinen

Queen Victoria empfand tiefe Zuneigung für die Gemahlin Napoleon III. Kaiserin Eugénie hätte mit ihrer strahlenden Schönheit in Victorias Herzen Groll entfachen können. Schließlich war sie selbst klein und dicklich, und der von ihr ausgehende weibliche Reiz hielt sich in Grenzen. Doch sie empfand weder Neid noch Eifersucht.

Was war schon dabei, wenn ihr bei der geringsten Kleinigkeit die Röte ins Gesicht schoß? Und warum sollte sie den veilchenblauen Hut aus einem längst verflossenen Zeitalter nicht noch auftragen?

Jegliche Modeberatung wies sie weit von sich und erklärte selbstbewußt: »Napoleon mag der Kaiser von Frankreich sein. Wenn schon. Ich aber bin die Queen of England, und er nicht.«

Wer hätte da widersprochen?

Totengräberdiplomatie

Amerikaner genossen an Victorias Hof kein besonders hohes Ansehen. Sie galten als aufdringliche, ungehobelte Kerle von zweifelhafter Abkunft.

Endlich, nach zwanzig Jahren Bemühen, erfuhr der amerikanische Gesandte George Mifflin Dallas im November 1860 die Gnade einer Einladung nach Windsor zu einem Wochenendbesuch – mit Nächtigung im Schloß.

Mrs. Dallas gab zur Verschönerung ihrerselbst die für damalige Zeiten unmäßige Summe von fünfhundert Dollar aus – sie erschien Victoria als personifizierte Vulgarität. Und was die Herren betraf, so schien es den amerikanischen Diplomaten nicht gegeben, den Unterschied zwischen vorgeschriebener Hofgewandung und Totengräberkluft zu erkennen.

Als im Mai 1861 der kultivierte Charles Francis Adams seinen Vorgänger Dallas ablöste und der Queen sein Beglaubigungsschreiben überreichen wollte, trug er zur allgemeinen höfischen Überraschung einen schlichten, aber edlen Diplomatenanzug.

Von einem Fenster aus beobachtete Victoria heimlich seinen Einzug in den Buckingham Palace. Erleichtert seufzte sie auf: »Ach, wie bin ich dankbar – nicht schon wieder ein amerikanisches Leichenbegängnis.«

Morgenmütze

Die Liebe der Queen zu ihrem Gemahl hatte über die Jahre zugenommen und drohte ihn zu überwältigen. Sie forderte alles von ihm.

Auch Alberts Arbeit hatte über die Jahre zugenommen und drohte ihn zu überwältigen. Sie forderte ebenfalls alles von ihm.

Obwohl Victoria ihn als »das schönste Wesen auf Erden« pries, war nicht zu übersehen, daß sein Schädel immer kahler wurde, und er morgens eine Perücke trug, um seine Glatze vor der den Palast durchwabernden Kälte zu schützen.

Mit leiser Klage schrieb er an seine Tochter in Berlin: »Ach, Du weißt ja, Liebes, Mama mag kein ungesundes Feuer im Kamin.«

Verführung schlückchenweise

Queen Victorias Lektüre war nicht uninteressant. Sie arbeitete sich durch Macaulays *History of England,* fand *Jane Eyre* »packend« und genoß die Verführung der Heldin in *Adam Bede* »in kleinen, süßen Schlückchen«.

»Das ist schließlich ein Abbild dessen, was ständig (& naturbedingt) geschieht, und man muß es über sich ergehen lassen«, schrieb sie fast selbstkritisch und meinte wohl, sich rechtfertigen zu müssen.

Leichtes Mädchen

Albert hielt für Victoria eine Überraschung bereit. Als »Lord & Lady Churchill & Gesellschaft« unternahmen die Queen, Albert selbst, General Grey und Lady Churchill eine Expedition nach Glen Feshie im schottischen Hochland.

Am letzten Tag stiegen sie überstürzt einen zerklüfteten Berghang hinunter, und der Diener John Brown mußte sich der armen Jane Churchill, die angeblich nicht weiter konnte, erbarmen und sie huckepack tragen.

»Sie sind nicht so schwer wie Majestät«, bekannte er in schöner Offenheit, worüber sich allgemeines Gelächter erhob.

»Habe ich etwa zugenommen?« fragte die Queen verdutzt.

»Nun, ich glaub' schon, daß Ihr zugenommen habt«, lautete die wenig respektvolle Antwort.

»Ah! Also werde ich mich wiegen lassen«, entschied Victoria. »Dachte ich doch immer, ich sei leicht.«

III.
Die Witwe von Windsor
1861 – 1901

Arthur half

Prince Albert verstarb am 14. Dezember 1861, und Victoria wurde mit zweiundvierzig Jahren Witwe. Sie interessierte sich für nichts und niemanden mehr und rechnete damit, innerhalb eines Jahres ihrem Gemahl nachzufolgen. Der Kronrat mochte tagen wollen oder müssen, die Queen erschien nicht. Weil dies aber nicht sein konnte, ersann der Sekretär des Rates, der mit dem vielversprechenden Namen Arthur Helps gesegnet war, einen Ausweg.

Queen Victoria thronte in einem Raum, und im angrenzenden Zimmer saßen hinter der geöffneten Tür Helps und drei Ratsmitglieder. Nachdem ein Papier verlesen worden war, nickte Victoria abwesend und kaum merklich mit dem Kopf, und Helps antwortete an ihrer Statt: »Gebilligt.«

Totentanz

Nach Prince Alberts Tod im Jahre 1861 war der Hofstaat gehalten, sich in Trauer zu kleiden. Selbst die königliche Dienerschaft mußte bis 1869 eine schwarze Trauerbinde am linken Arm tragen.

Wie Premierminister Disraeli vermerkte, ließ Victoria auf Schloß Windsor weiterhin zwei Gästebücher auslegen – eins für sich selbst, eins für den dahingeschiedenen Albert –, und die Besucher hatten sich in beide einzutragen.

»Sie machten einem Toten ihre Aufwartung«, schrieb Disraeli.

Premierpapagei

Nach dem Tode des Prince Consort weigerte sich Victoria, ihre Minister zu empfangen und setzte Princess Alice als Vermittlerin ein.

Als so einige Zeit dahingegangen war, erkühnte sich Premierminister Palmerston – dessen Namen Victoria und Albert verächtlich zu »Pilgerstein« umgedeutet hatten –, der Queen wegen ihrer Zurückgezogenheit milde Vorhaltungen zukommen zu lassen.

Zunächst wütete sie vor sich hin, kam aber bald zur Vernunft, weil sie meinte, Albert würde nicht gewollt haben, daß sie sich derart von der Welt abkehre.

Also durfte der Premierminister seine Aufwartung machen.

In Osborne auf der Insel Wight erschien Lord Palmerston rosig strahlend, mit gepflegtem und aufgeplustertem Backenbart. Zu einem braunen, blaugeknöpften Rock trug er eine hellgraue Hose und grüne Handschuhe. So spreizte er sich vor seine Monarchin.

Victoria musterte ihn giftigen Blickes, legte die Stirn in tiefe Falten und murmelte zähneknirschend vor sich hin.

»Ich glaube, sie hat mich einen Papageien genannt«, berichtete darauf der Lord bestürzt einem Freund.

Muttermilch und Mann im Mond

Allein und auf sich gestellt kam sich die Queen in ihrem dritten Leben, dem Witwenstande, verloren vor.

Damals, es war lange her, hatte sie sich am stützenden Arm ihres Mannes stark gefühlt. Ihrem geliebten Albert hatte sie sich gänzlich in die Hände gegeben. Mit ihrem väterlichen Freund Lord Melbourne, der seit 1848 tot war, konnte sie Themen besprechen, über die man an ihrem Hofe normalerweise Stillschweigen wahrte.

Nunmehr drängte es Victoria zur Wissenschaft hin. »Kluge Menschen der Wissenschaft sind mir jetzt ein wahres Lebensbedürfnis«, sagte sie.

Der große Physiker Professor Tyndall wurde in den Buckingham Palace bestellt, um für die Queen ein Laboratoriumsgewitter mit Blitz und Donner zu erzeugen.

Sie lernte auch, daß es keinen Mann im Mond gäbe, daß dort überhaupt keine Menschen lebten und das Känguruh mit einem Beutel ausgestattet sei.

Kopfnote

Victoria hatte das starke Bedürfnis, den ziemlich ungeliebten Edward zu beschützen, selbst wenn ihn das bis zur Unselbständigkeit einschnürte. Sie war sich nicht einmal sicher, ob er für eine Ehe reif sei. Und seiner erst achtzehnjährigen Braut Alexandra traute sie auch kaum zu, den »mißratenen Sohn« zu einem Ehemann und Vater künftiger Herrscher umzuformen.

»Ist Dir auch aufgefallen«, befragte sie ihre Tochter Vicky brieflich, »daß Alix den kleinsten Kopf hat, den man je erblickte? Und dazu sein kleines, leeres Hirn! – Mit Grausen sehe ich Kinder kommen.«

Prüfungszeugnis

In dem zwischen der Verlobung und der Hochzeit von Prince Edward und der dänischen Prinzessin Alexandra liegenden Zeitraum setzte Queen Victoria alles daran, ihre künftige Schwiegertochter gründlich kennenzulernen. Und die überstand die zehn Tage, in denen sie auf englischem Boden einer rigorosen Tauglichkeitsprüfung unterzogen wurde, mit Bravour.

Sie erwies sich – so formulierte Victoria – als »ein vom Himmel gefallenes Juwel«, und ihre jüngeren Kinder akzeptierten sie.

Louise, vierzehn, »verstand sich zu benehmen ohne zu murren«.

Lenchen, sechzehn, »betete sie an«.

Alfred, achtzehn, »würde auf der Stelle für seinen großen Bruder einspringen, täte der seine Braut nur verschmähen.«

Preußenwilly aus Berlin

Dem vier Jahre alten Preußenprinzen aus Berlin, Wilhelm, dem Sohn Vickys und Enkel Victorias, bot die Hochzeit von Edward und Alexandra die erste Gelegenheit, sich im Kreise der merkwürdigen englischen Verwandtschaft so richtig danebenzubenehmen.

Bei der Fahrt durch Windsor entriß er seiner nur zwei Jahre älteren Tante Beatrice den Muff und warf ihn aus dem Kutschenfenster. In der Kapelle hebelte er einen Rauchtopas aus der Scheide seines kleinen Schmuckdolches und ließ ihn geräuschvoll klackend über den Steinfußboden kullern.

Sein jugendlicher Onkel Arthur versuchte ihn durch milde Zurechtweisung von der »barbarischen preußischen« zur »kultivierteren englischen« Art hinzuleiten. Allein, Wilhelm quittierte den Tadel damit, daß er seine Milchzähnchen in Arthurs unter dem Kilt hervorlugendes winterbleiches Knie schlug.

Einen Augenblick der Stille in der Weihestimmung der Hochzeitszeremonie nützte Willy aus, um seiner düster dreinblickenden Großmama Victoria ein lautes und herzliches »He, du, alte Ente!« zuzuschrillen.

Meinungsäußerung

Im Konflikt zwischen Preußen und Dänemark sympathisierte Victoria mit Preußen – wo Tochter Vicky mit dem Kronprinzen verheiratet war. Die Mehrheit des Kabinetts stand hinter ihrer Entscheidung, sich nicht für Dänemark zu engagieren – wo ihre Schwiegertochter Alexandra Princess of Wales herstammte.

Da sah Premierminister Lord Palmerston seine Stunde gekommen, und er fühlte sich als Warner berufen.

»Es entsteht der Eindruck«, sprach er gewichtig, »daß Euer Majestät in den Dänemark und Deutschland betreffenden Angelegenheiten eine Meinung geäußert hat.«

Victoria war wegen dieser kaum verhüllten Zurechtweisung empört und fuhr ihn an: »Und was wohl noch? Seine Gicht scheint ihn bösartig werden zu lassen.«

Palmerston wagte es nie wieder, seiner Herrscherin zu versagen, sich eine »Meinung« zu eigen zu machen.

Das Frühchen von Frogmore

In Frogmore House im königlichen Park zu Windsor gebar Princess Alexandra ein Siebenmonatskind. Es war ein Knabe, und er erhielt den Namen Prince Albert Victor.

Die Namenskombination Albert Victor schmeichelte der Queen, setzte sie doch ihrem »heimgegangenen Engel« – wie ihr selbst – ein Denkmal.

Auch der verfrühten Geburt verstand sie etwas Symbolhaftes abzugewinnen: »Wie anrührend«, befand sie, »das Kind in Frogmore zur Welt zu bringen, ganz in der Nähe des Mausoleums, in dem sein Großvater weilt, und in das auch ich einziehen werde.«

Hände gut, alles gut

Victoria betätigte sich als notorische Ehestifterin und duldete bei ihrem Planen und Tun keinen Widerspruch. Erscheinungsbild, Intelligenz und Abkunft der oder des Auserwählten waren von ausschlaggebender Bedeutung. Der Gesundheitszustand potentieller Ehepartner wurde besonders gründlich und diskret erforscht.

In einem der Briefe, die die Queen schrieb, während sie zehn Jahre währende Verhandlungen führte, um für ihren 1844 zweitgeborenen Sohn Prince Alfred eine Gemahlin zu finden, schilderte sie die für ihn ausersehene Prinzessin Marie von Sachsen-Altenburg so: »Ich habe *nichts unversucht* gelassen, um alles über ihre Gesundheit herauszufinden, und nun erwarte ich mit Spannung die Ergebnisse. Alfred sagt, sie hat nur *einen* schlechten Zahn, und sie hat *große Füße und kräftige, zupackende Hände.*«

Dennoch wurde für Alfred im Jahre 1874 die Großherzogin Marie Alexandrowna von Rußland ausgewählt.

Abwesend im Anwesen

Queen Victoria hatte sich nach Alberts Tod zurückgezogen und erschien nicht mehr in der Öffentlichkeit.

Als Reaktion darauf klebten im März 1864 Unbekannte bei Nacht und Nebel in London in der Nähe des Buckingham Palace Plakate, auf denen zu lesen stand:

»Großzügiges und weiträumiges Anwesen in hervorragender Lage mit einmaliger Aussicht wegen Geschäftsaufgabe derzeitiger Bewohnerin zu vermieten oder zu verkaufen.«

Die Bevölkerung murrte und wollte endlich wieder ihre Queen haben.

Schwarzfahrt

Zum ersten Male und fast drei Jahre nach Alberts Tod fuhr die Queen am 21. Juni 1864 in schwerem Trauerschwarz wieder in einer offenen Kutsche aus. Das hätte sie keine Woche später tun sollen; denn in Großbritannien wie auch im Ausland wurde das Gerücht ihrer bevorstehenden Abdankung heiß diskutiert.

»In meinem armen, betrübten Antlitz & meiner Witwentracht vermochten meine Untertanen meine ganze traurige Geschichte abzulesen«, schrieb Victoria. »Aber wie sich die guten Leute doch so richtig gefreut haben, mich zu sehen! Hätte doch mein Engel Albert diese Freude noch miterleben können! Ich bin gewiß, er schwebte schützend über mir.«

Bitterböse

Zeit ihres Lebens schob Victoria die Schuld am frühen Tod des geliebten Albert ihrem ungeliebten Sohn Edward zu. Die ewige, stumme Anklage in ihrer Miene war nicht zu übersehen.

Edward war während seines Studiums in Cambridge zum Mittelpunkt eines Skandals geworden, und der sittenstrenge Albert sah sich genötigt, persönlich einzugreifen und seinen Sohn auf den rechten Weg zurückzuführen. Bei der Heimreise nach Windsor überfiel ihn dann eine bösartige Erkältung, die ihn auf das Krankenbett warf, von dem er sich nicht mehr erheben sollte.

An Augusta von Preußen schrieb Victoria am 8. November 1864: »Morgen ist ein weiterer bitterer Tag – Edwards Geburtstag.«

Starker Tobak*

Traf die königliche Witwe in ihrer Trauertracht Edward rauchend an – und anders sah sie ihn kaum –, pflegte sie ihn mit Vorwürfen zu überhäufen: »Führe dir deinen armen Vater vor Augen! Dein armer Vater hätte Rücksicht auf mich genommen und mir den Tabakrauch nie zugemutet! Du aber … deine arme Mutter scheint dir absolut gleichgültig zu sein!«

Edward wußte eine Antwort: »Läßt Majestät endlich von ihren *weeds* ab, so will ich von den meinen lassen.«

Christe eleison!

Victoria fühlte sich einsam – ohne Mann. Von wohlmeinendem Trost wollte sie absolut nichts wissen. Ein Geistlicher legte ihr nahe, sie möge sich nunmehr doch als Braut Christi betrachten.

---

*) Das englische Wort weed bedeutet im Deutschen »Unkraut«, »Kraut« (Tabak), aber auch (zumeist im Plural als weeds) »Trauerkleidung«.

»Derartiges nenne ich frevelhafte Salbaderei«, meinte sie und wandte sich angewidert ab.

Feueranzünder

Queen Victoria war nicht nur »gußeisenhart«, sie konnte auch milde sein. Als Greis erinnerte sich ihr dritter Sohn, Prince Arthur, einer typischen Begebenheit:

»Ein alter Mann, der im Schloß Windsor die Lampen anzuzünden und zu warten hatte, war derart dem Trunke verfallen, daß die Verwaltungshöflinge die Queen bedrängten, seiner Entlassung zuzustimmen.

Eines Tages stürzte der Alte mit brennender Laterne eine Treppe hinunter, verletzte sich dabei nur leicht, verursachte aber ein Schadenfeuer.

›Ah‹, sagten sich die Schranzen, ›endlich hat er es geschafft!‹ Und sie rieben sich die Hände.

Als Queen Victoria aber der Bericht über den Brand und die Verletzung des Lampenwärters vorgelegt wurde, kritzelte sie an den Rand lediglich: ›Armer Mann.‹

Er durfte weiter mit Brennöl und Whisky umgehen.«

Taschenspieler

Victoria meinte, den Charakter ihres vergötterten dahingegangenen Gemahls Albert in ihrem Lieblingssohn Prince Arthur wiederzuentdecken und brachte ihm ihre Art besonderer Zuwendung entge-

gen. So instruierte sie seinen Erzieher Sir Howard El-
phinstone, streng darauf zu achten, daß die Tempe-
ratur in den Räumen ihres Sohnes sechzig Grad Fah-
renheit, also fünfzehn Grad Celsius, nicht übersteige.

Des weiteren gebot sie: »Arthur betrete im Theater
nicht die Garderoben der Schauspielerinnen oder
gehe mit Prince Alfred zum Pferderennen. Auch hat
er davon abzustehen, jene entsetzlichen *Stehkragen*
oder Mittelscheitel zu tragen, und auf keinen Fall
darf er seine Hände in die Hosentaschen stecken.«

Vorübergehend blödsinnig

Der treusorgende Prince Consort Albert hatte zu
Lebzeiten bereits bestimmt, daß John Brown, ein
Mann von beeindruckender Statur, der aus dem
schottischen Hochland kam, der Queen als Leibdiener zu Gebote stehe.

Für sie war Brown etwas ganz Besonderes, »nämlich Reitknecht, Lakai, Page – und ich kann sogar sagen *Dienstmagd* – in einer Person, da er so geschickt
umzugehen versteht mit Mänteln und Umhängen … «

Wenn er sich nicht »blödsinnig«, was bedeutete:
betrunken, befand, bediente er auf Ausflügen bei Tische und setzte sich mit Leib und Leben für Schutz
und Sicherheit seiner Queen ein.

Brown verstand es, eine gelegentlich barsche Victoria mit noch mehr Grobheit in ihre Schranken zu
weisen. Das weckte ihr Vertrauen.

Als er ihr vor einer Ausfahrt das Umschlagtuch

richtete, herrschte er sie mit schwerer schottischer Zunge an: »Könnt Irrr Euerrrn Kopf nicht hochhalten, Frrrau!«

Stiefelknecht

In einem Aktenvermerk vom 4. Februar 1865 wurde John Browns Status als »Diener der Queen im Hochlande« definiert. »Niemand außer der Queen höchstselbst darf ihm Befehle erteilen. Er steht ihr im Hause wie auch außer Haus zu Gebote. Wie bis anher säubert er ihre Stiefel, Röcke, Mäntel und Hunde, es sei denn, dies möchte ihn über Gebühr beanspruchen.«

Das Jahr war noch nicht vergangen, da wurde Brown davon entbunden, die Stiefel der Queen zu putzen und sich um die Reinlichkeit ihrer Hunde zu bemühen.

»Denn er ist mitnichten ein Knecht«, begründete Majestät ihre Entscheidung.

Interessenvertretung

Im Jahr 1868 fand John Brown Grund zu Klage. Es seien die »königlichen Raucher«, steckte er Majestät, die ihn bis spät in die Nacht beschäftigten.

Daraufhin schrieb Victoria ihrem Adjutanten Lord Charles Fitzroy:

»Lord Charles erwähne Prinz Christian [von Schleswig-Holstein] gegenüber (ohne solche Erwähnung in die Form eines *direkten Befehls* zu kleiden), daß es die Queen im Interesse der *Dienerschaft* als *angezeigt* erachtet, den Rauchsalon um zwölf Uhr nachts zuzusperren – nicht später.«

Mündlich fügte sie dem Adjutanten gegenüber hinzu: »Ein Prinz Christian macht mir meinen guten Brown nicht zuschanden!«

Lokal-Lokus

Auf einer ihrer zahlreichen Schottlandreisen gedachte Queen Victoria in dem Städtchen Jedburgh Station zu machen. Die braven Ratsherren gerieten darüber in helle Aufregung. Im ganzen Ort gab es nämlich kein einziges Örtchen, welches einer königlichen Notdurft angemessen gewesen wäre. Darum wurde in einem Wirtshaushofe aus ungefügen Brettern flugs eines zusammengenagelt.

Nachdem jener profane Abtritt durch eine hochwohlgeborene Entleerung seine höchste Weihe erfahren hatte, fühlte sich der Wirt gleichsam in den Adelsstand erhoben, nannte seine Herberge »Victoria«, und Jedburgh, an der großen Straße nach Edinburgh gelegen, erschien hinfort auf den Landkarten der Ausflügler.

Unter uns

Benjamin Disraeli wurde 1868 konservativer Premierminister. Es zählte zu seinen Stärken, die Queen schmeichelnd zu umgarnen, und er stellte zu seinem großen Behagen fest, daß sie gern darauf einging. Die von ihm an sie gerichteten offiziellen Schreiben enthielten sowohl politische Mitteilungen als auch Gesellschaftsklatsch und boten Unterhaltungsstoff wie Salonliteratur.

Disraeli war tatsächlich Schriftsteller, und Victoria selbst hatte kürzlich *Leaves from a Journal of Our Life in the Highlands* veröffentlicht. Aus diesem Grunde gebrauchte Disraeli der Queen gegenüber ständig die Formulierung »unter uns Schriftstellern, Madam«.

Die Queen stieß das keineswegs ab, im Gegenteil, sie war entzückt und empfand Begeisterung für den Mann. »Solche Briefe, nein, *solche* Briefe habe ich nie in meinem Leben erhalten«, schwärmte sie.

Das Kapital?

England stand eine »Französische Revolution« bevor. Die Queen spürte das ganz deutlich, und sie bezeichnete die Adeligen verächtlich als »frivole, vergnügungssüchtige und unmoralische Glücksritter«.

Über die Armen aber schrieb sie: »Die niederen Klassen eignen sich so gute Kenntnisse an; sie sind so intelligent & verdienen sich ihr Brot & ihr Auskommen so gerechtsam, daß sie nicht weiterhin niedergehalten werden können & sollten, um von den erbärmlichen, dummen hochwohlgeborenen Kreaturen getreten zu werden. Jene leben doch nur, um ihre Zeit totzuschlagen.«

Sie jedenfalls hielt sich für die Königin der Armen, der Getreuen und der Entrechteten. Sie trat ein für die Schneider und die Schuhmacher – und vor allem für die Hafenarbeiter.

Von letzteren war ihr geliebter und gottgleicher Gemahl mit einem Ehrennamen belegt worden. »Albert der Gute« nannten sie ihn. Sie mußte sich seiner würdig erweisen.

Zu Victorias Zeit lebte und arbeitete Karl Marx in London.

Unzucht und Spiele

Victoria pflegte schroff zu differenzieren zwischen jenen, die arbeiteten, um zu leben, und den anderen, die lebten, ohne zu arbeiten.

»Die Leute der oberen Klassen tun nichts«, befand sie, »die frönen nur dem Glücksspiele und treiben Unzucht.«

Beinliche Sprachregelung

Eine nicht mehr sehr junge Ehrendame ließ sich Victoria gegenüber einst über ihr Rheuma in den Beinen aus.

»Sie müssen noch einiges lernen, meine Liebe«, kommentierte die Queen. »Zu meiner Zeit verfügten die Damen nicht über Beine, sondern über *Gliedmaßen.*«

Hosen nur für Hatz und Heilung

Als sich die Queen im Jahre 1870 in ihrem geliebten Balmoral im schottischen Hochland aufhielt, bemerkte sie wutentbrannt, daß einige ihrer Bediensteten Hosen statt Kilts trugen!

Sie erließ eine in strengen Worten gefaßte Denkschrift und gebot, ihre gesamte männliche Dienerschaft im Hochland »trage gefälligst den Kilt! Hosen sind in Schottland einzig erlaubt im Krankheitsfalle und für die Hirschpirsch.«

Mamas Mißfallen

Als Prince Edward den unschuldigen Wunsch äußerte, die Hochzeit der Schwester seiner Gemahlin in Rußland beehren zu dürfen, mußte er sich Mamas Mißfallensbekundung anhören: »Nie kannst du still und zufrieden zu Hause sitzen. Immer mußt du dahin und dorthin. Führe dich doch tunlichst etwas königlicher auf!«

Edward unterdrückte einen unköniglichen Weinanfall und gehorchte.

Schnurrbartschnurre

Den Matrosen der Marine sollte erlaubt werden, Bärte zu tragen. Im großen und ganzen stimmte Majestät dem zu.

»Ihr ganz persönliches Gefühl«, schrieb sie, »ist für Bärte ohne Schnurrbärte, da solche dem Träger eher ein soldatisches Aussehen verleihen. Aber dann wäre freilich der gewünschte Zweck nicht erreicht, nämlich das Rasieren überflüssig zu machen. Darum würden, wie vorgeschlagen, Vollbärte wünschenswerter sein, nur müßten sie kurz & sehr sauber gehalten werden.«

Eine Woche später schrieb sie dazu einen abschließenden Brief.

Sie möchte, meinte sie, »noch eine weitere Bemerkung, die Bärte betreffend, hinzufügen, nämlich die, daß auf gar keinen Fall Schnurrbärte ohne Vollbärte gestattet werden sollten. Darauf muß ich bestehen.«

Ansprache

Victoria hegte gegenüber William Ewart Gladstone, der ihr viermal als Premierminister diente, eine unbezwingbare Abneigung.

»Er spricht zu mir«, beschwerte sie sich einer Vertrauten gegenüber, »als ob ich eine Volksversammlung sei.«

Lebensweisheit

Daß man mich einen Schmeichler nennt, weißt du«, sagte Premierminister Disraeli, der Gladstone wieder abgelöst hatte, zu einem Freund, »und das stimmt sogar. Alle wollen umschmeichelt sein; und geht man zu Queen Victoria, trägt man am besten mit der Maurerkelle auf.«

Hippo-logisch

Die Queen hatte ihren Privatsekretär Ponsonby angewiesen, die auf Schloß Balmoral gehaltenen Ponies nur mit seiner Genehmigung und von erfahrenen Reitern nutzen zu lassen.

Das ging aber dem Kaplan Duckworth und dem deutschen Bibliothekar, Herrn Sahl, völlig gegen den Strich.

»Mit Ställen voller Ponies sollte das Wohlbefinden all jener, die Ihrer Majestät dienen, im Vordergrunde stehen«, hielt der Kaplan dem Privatsekretär vor, und jener gab diese Vorhaltung Wort für Wort an die Queen weiter.

Ihre Antwort erfolgte prompt.

»Anders herum«, formulierte sie, »mit einem Schloß voller Höflinge sollte das Wohlbefinden meiner Ponies im Vordergrund stehen.«

Damenfall

Victoria mußte sich um tausend alltägliche Kleinigkeiten kümmern – es gab viel zu kritisieren. Diese Mode, zum Beispiel!

»Was quetschen sich die Damen aber auch in solch entsetzlich enge Roben, in denen sie nicht einmal einen vorschriftsmäßigen Hofknicks zu vollführen vermögen!« räsonierte sie. »Und dieses Gestolper andauernd, dieses Hinfallen! Verlange ich, daß sie sich vor ihren Herren auf meinen Teppichen hinstrecken?«

Feinschmecker

Queen Victorias besondere Zuwendung galt all jenen, die da mühselig waren und beladen.

Eisenbahnreisende in der Dritten Klasse mußten vor schrecklichen Unfällen bewahrt werden. Ein Aufsichtführender gehörte auf jeden Zug!

»Und Indien ... oh, dieses gefährliche Indien!« rief sie verzweifelt. »Witwen werden dort lebendigen Leibes verbrannt ... und die wilden Tiger – sie fressen Menschen auf ... Männer ... und sogar Frauen!«

Prinzessin Naseweis

Die dreizehnjährige Princess Beatrice kam einmal schmutzig vom Spielen herein.

»Wie siehst du denn aus?« rief Mutter Victoria entsetzt. »Man sollte dich für ein Vierteljahr nach Dover in Quarantäne schicken!«

»Sehr wohl, wenn das deiner Galle gut tut, Mama Queen.«

Lauwarmwassermusik

Victoria verabscheute »moderne« Malerei und konnte sich auch nicht für »moderne« Musik begeistern.

Zu einem von Rubinstein komponierten Trinklied meinte sie bissig: »Dazu möcht' man doch nicht einmal eine Tasse Tee trinken – lauwarmes Wasser allenfalls.«

Freund und Freundin

John Browns Dienerlohn stieg beständig. Hatte er mit einhundertzwanzig Pfund Sterling begonnen, so war er nach wenigen Jahren bei dreihundertzehn Pfund Sterling angekommen.

Im Jahre 1872 erfreute die Queen ihren vertrauten Knecht mit einem höheren Rang, und sie schrieb ihm: »Damit beweise ich mein allergrößtes *Bestreben,* Euch *klar zu zeigen,* was Ihr mir bedeutet, & im Verlaufe der Zeit *wird* dies immer klarer zutage treten. Alle hören mich Euch *meinen Freund* & vertrauenswürdigsten Begleiter nennen.«

Kurz darauf wurde John Brown zum *Esquire* mit einem Salär von vierhundert Pfund Sterling ernannt.

Ein Brief an »John Brown Esq.« vom 17. November 1872 trägt die Unterschrift »Eure ergebene Freundin Victoria R.«

»Papa würde sich in seiner Gruft umdrehen«, murmelte Thronfolger Edward verdrossen hinter vorgehaltener Hand und mochte von den sich hartnäckig haltenden Gerüchten, die Queen sei die Geliebte ihres Leibdieners Kenntnis haben. Unbekannt hingegen war ihm der Albert gewidmete, sentimentale Tagebucheintrag der Queen vom 24. Mai 1871:

»Allein, allein werd ich immer sein,
Und mein Liebster, er schaut segnend drein.«

Erfrieren oder ersticken?

Im Februar 1870 und neun Jahre nach Alberts Hinscheiden hatte sich die Queen aus Gründen ihrer Trauer erneut geweigert, das Parlament zu eröffnen, wie es die Tradition verlangte.

»Soll ich mir den Tod holen bei meiner Fahrt in der Kutsche?« fragte sie empört.

Zwei Jahre danach riet ihr Premierminister Gladstone ungalant, sie möge sich doch bis unter das Kinn in Hermelin hüllen.

»Um dann in Eurem muffigen Oberhause zu ersticken. Das käme Euch wohl so recht zupaß?!«

Erlebnispädagogik

Wieder einmal wurde ein Anschlag auf Victorias Leben unternommen. Ein schwachsinniger junger Mann, Arthur O'Connor, zielte mit einer ungeladenen Pistole auf seine Queen. Er wollte sie nur erschrecken. Das wußte außer ihm aber niemand sonst.

Der Leibdiener John Brown ergriff den Übeltäter und warf ihn, nachdem er ihn mit der bloßen Hand fast enthauptet hätte, den Wächtern vor die Füße.

Als die Queen erfuhr, daß der Attentäter mit drei Jahren Gefängnis davonkommen sollte, verlangte sie von Premierminister Gladstone, O'Connor zu deportieren. »Sonst versucht der es in drei Jahren noch einmal.«

O'Connor erklärte sich einverstanden, ins Ausland zu gehen, bat sich jedoch beim Innenminister einen Aufenthaltsort mit gesundem Klima aus.

»Und der soll schwachsinnig sein?« murrte die Queen.

Seine Tollität

Edward Prince of Wales hatte die Dreißig überschritten, und Mutter Victoria quälte die ständige Sorge, wie sie ihn sinnvoll beschäftigen und als Thronfolger vorbereiten sollte.

Der Prince selbst meinte vage, er könne doch »etwas in der Armee oder in der Regierung« sein.

Premierminister Gladstone war bereit, Edward jedes denkbare Amt anzubieten; denn er sah mit Schrecken einem ungebildeten, unfähigen, unerfahrenen und ausschweifend lebenden künftigen König Edward VII. als Herrscher entgegen.

»Der Prince of Wales«, höhnte er heimlich, »ist mir schon ein toller Bursche. Er weiß alles, nur nicht das, was in Büchern steht.«

Des Guten zuviel

Selbst Lieblingssohn Prince Arthur schien Victoria zu entgleiten. Heimlich hatte er sich der kupplerischen Leidenschaft seiner Mutter entzogen und sein Verlöbnis mit Prinzessin Louise Marguerite, der Tochter von Prinz Friedrich Carl von Preußen und dessen von ihm getrennt lebender Gattin Marianne offenbart.

Victoria war fassungslos. Vermochte sie ihre eigene Familie nicht mehr zu regieren?

»Warum, in aller Welt«, rief sie aus, »mußt du, mein Sohn, in diese zerrüttete Familie einheiraten? Und wie hochmütig, wie arrogant diese kleinen Preußen sich noch dazu geben! Und«, wendete sie sich an die dabeisitzende Princess Beatrice, »ist dir schon aufgefallen, was diese Louise für schlechte Zähne hat und wie häßlich bei ihr Mund und Nase geraten sind? Und grundsätzlich meine ich: Arthur ist so gut, daß er überhaupt keinen Grund hat, zu heiraten.«

Öffentliche Dame

Gladstone und Disraeli, der Liberale und der Konservative, schienen sich die Position des Premierministers gegenseitig zuzuschieben und sich darin abzuwechseln.

1874, als Disraeli wieder einmal an der Reihe war, spottete er über seinen Vorgänger und sagte selbstgefällig: »Gladstone behandelt die Queen wie ein öffentliches Amt, ich behandele sie wie eine Dame.«

Strenggenommen

Obwohl sich Victoria für uneitel hielt, legte sie doch größten Wert darauf, daß ihre Porträtisten sie »königlich« erscheinen ließen.

Als im Jahre 1875 der Wiener Maler von Angeli mit ihrem Konterfei zugange war, äußerte er immer wieder seine Sorge, daß Majestät sich – eventuell und vielleicht überhaupt doch – zu streng gäbe.

»Nein«, antwortete die Queen hoheitsvoll, »ich herrsche, und das Volk soll sehen, daß ich herrsche. Später mag eine Version mit milderem Ausdruck für die Kinder gefertigt werden.«

Freundschaftszug

Einige der ehedem von Prince Albert erlassenen Verbote fielen einer schleichenden Erosion anheim. Dazu gehörte auch das Rauchverbot.

In den fünfziger Jahren hätte nicht einmal die Rede davon sein können, daß Queen Victoria auf einem ägyptischen Schiff im Hafen von Southampton den Schlauch einer Wasserpfeife als Geste der Freundschaft an ihre Lippen führen würde. Der königliche Zeremonienmeister hatte damals einen Ausweg gefunden: Edward Prince of Wales, derzeit zwölf Jahre alt, mußte in Mamas Namen und unter dem Beifall der Ägypter einen feierlichen Zug nehmen und das Wasser zum Gluckern bringen.

Aber zwanzig Jahre später und auf einer Lichtung unweit des Schlosses Balmoral gaben sich Queen Victoria und Princess Beatrice fröhlich und unbekümmert dem Zigarettenrauchen hin – um die Mücken zu vertreiben.

Die Mücken. Aber ja doch.

Verraucht und verrucht

Mit der Queen unter einem Dach dem Tabakgenuß zu frönen galt noch immer als Sünde wider Albert.

Als Victoria in einem der Korridore Prince Alfred begegnete und der einen Hausrock trug und nach Qualm roch, nahm sie seine Entschuldigung nur widerwillig hin, registrierte sie aber in ihrem Tagebuch.

Manchmal war sie sprachlos vor Empörung.

»Gewisse Damen«, schrieb sie, »haben es sich angewöhnt, die Herren aufzusuchen, um mit ihnen zu *rauchen* – im *Negligé* und mit *offenem Haar!* Sie sind ausgesprochen *verrucht!*«

Playboy

Victoria hielt nicht inne in ihrem Bemühen, schwächere Brüder und Schwestern vor dem Straucheln zu bewahren.

Als Mr. W. H. Smith Kabinettsminister wurde, forderte sie ihn, »den Sohn des großen Buchhändlers«, auf, »jene schlimmen Klatschpostillen« nicht in die Häuser ehrbarer Leute gelangen zu lassen.

Mr. Smith beteuerte in großer Not, er habe damit nichts mehr zu tun und könne leider, leider, überhaupt nichts unternehmen.

Die Queen ließ nicht locker: »Ich kann nicht dulden, daß Schmutz und Sünde auf meine guten Untertanen herabregnet.«

Dieser Regen gewann über die Jahre deutlich an Heftigkeit.

Ein Zeitungsladen von »WHSmith« gehört heutzutage in Großbritannien noch immer zu jedem Bahnhof.

KaiserInschmarrn

Queen Victoria eiferte danach, Kaiserin von Indien zu werden. Drei Imperatoren gab es in Europa – den russischen Zaren, den Kaiser von Österreich und seit 1870 den Kaiser von Deutschland und Schwiegervater ihrer ältesten Tochter Vicky. Vicky würde also eines Tages Kaiserin sein.

Im Jahre 1857 wurde die britische Handelsgesellschaft *East India Company,* die den Briten lange als Machtinstrument über Indien gedient hatte, abgeschafft und das Land mit dem Status einer Kronkolonie Großbritanniens dem »Mutterland« untertan gemacht. So ergab es sich mit dem Zutun des Premierministers Disraeli nach einiger Zeit fast von selbst, daß Queen Victoria 1876 den Titel »Kaiserin von Indien« erlangte und ihre Papiere künftig als V.R. et I. – *Victoria Regina et Imperatrix* = Victoria Königin und Kaiserin – abzeichnete.

»Siehst du, Mama auch«, triumphierte sie später, und Tochter Vicky nickte zustimmend.

Sprachstörung

Im Jahre 1877 kam es erneut zu einem Russisch-Türkischen Krieg über den Balkan. Großbritannien schlug sich auf die Seite der Türkei, und Victoria ließ sich zu einem ihrer heftigeren Wutanfälle hinreißen.

»Diese Sprache«, rief sie, »diese verletzende Sprache, die die Russen gegen uns führen! Diese Sprache bringt das Blut der Queen zum Sieden. – Oh, wäre die Königin ein Mann – hingehen wollte sie und den Russen das Fell gerben!«

Amerikanische Zustände

Queen Victoria war entsetzt über die »moderne Gewohnheit« verlobter Paare, sich allein und unbeaufsichtigt zu bewegen.

Als sich ihre Enkelin Prinzessin Charlotte von Preußen im Jahre 1877 verlobte, brachte sie einen Brief voller ernster Warnungen an ihre Tochter auf den Weg.

»Ich glaube, es fehlt in großem Maße an Schicklichkeit & Takt, wenn man seinen Bräutigam so behandelt, als ob er (außer in *einem* Punkte) bereits der *Ehegemahl* wäre. Verlobte Paare finden nichts dabei, wenn sie angestarrt werden, wenn sie sich lächerlich machen, während sie ausfahren, ausgehen oder sich gegenseitig besuchen. Kurz – ich fürchte, die jungen Leute werden in ihrer Lebensführung immer *amerikanischer*.«

Ehe in Sinnlichkeit

War ein junges Paar einmal in den heiligen Stand der Ehe getreten, ließ die Queen alle Einwände fahren.

»Eine junge *Ménage* (obwohl man zunächst den Wunsch verspürt, zu helfen & zu leiten) – sollte ein gut Teil für sich gelassen werden.«

Luther hätte es nicht trefflicher dartun können.

Komplementärkomplimente

Am 17. Mai 1877 erfuhr der Komponist Richard Wagner die Gnade einer königlichen Audienz auf Schloß Windsor.

»Nach dem Mittagessen«, vermerkte die Queen danach in ihrem Tagebuch, »wurde der große Komponist, dessentwegen die Leute in Deutschland in der Tat ein bißchen verrückt sind, hereingeleitet. Er ist alt geworden und korpulent, und er hat einen klugen, aber unangenehmen Gesichtsausdruck.«

Richard Wagner äußerte sich über die Queen noch weniger schmeichelhaft. Am 18. Januar 1880 sprach er von seinem »Verdruß über die Königin, diese alberne alte Vogelscheuche, weil sie einfach nicht abdankt und damit den Prinzen von Wales zu einer absurden Existenz verurteilt. In früheren Zeiten«, meinte er giftig, »wurde der Sohn mit dem Erreichen der Volljährigkeit zum Vormund seiner Mutter.«

2te Heimat

Mit der Liebe zu Albert hatte Victoria auch ihre Liebe zu dessen Coburger Heimat entdeckt. Mehrfach besuchte sie Schloß Rosenau, seinen Geburtsort.

Im August 1845 hatte sie schwärmerisch in ihr Tagebuch geschrieben: »Wäre ich nicht die, die ich bin – *dies* wäre meine wirkliche Heimat. Ich werde sie jedoch stets als meine *2te* betrachten.«

In späteren Jahren mußte Premierminister Disraeli sie mit den Worten »Majestät, Sie können das Empire nicht von Coburg aus regieren!« in die gegebenen Realitäten zurückführen.

Irres Privileg

Am 2. März 1882 kam es zu einem erneuten Attentat auf die Queen.

Roderick McLean, ein ortsbekannter Irrer, schoß vor dem Bahnhof von Windsor auf Victorias Kutsche.

Zwei beherzte Knaben der berühmten Eliteschule Eton stürzten sich auf ihn und prügelten mit ihren Regenschirmen so lange und so heftig auf ihn ein, bis er von den Leibwächtern überwältigt werden konnte.

Premierminister Gladstone konnte sich eine bissige Bemerkung nicht verkneifen: »Überall in der Welt liegen einem Attentat politische Motive zugrunde. Bei uns scheint so etwas das Privileg von Blöden zu sein.«

Totalverweigerung

Als Benjamin Disraeli im Sterben lag, ließ Victoria diskret bei ihm anfragen, ob er die Gnade ihres Abschiedsbesuches begehre.

»Da sei Gott vor!« gab der Moribunde mit schwacher Stimme von sich und versuchte, die Hand zu wehrender Geste zu erheben. »Sie würde mir doch nur einen Brief an Albert mitgeben wollen.«

VW = Volkswilliam

Premierminister William Gladstone erfreute sich des halb liebevollen und halb spöttischen Spitznamens *People's William* – vielleicht weil er getrieben von der Sucht nach leichten Mädchen und käuflicher Liebe nächtlicherweile durch die Straßen Londons zu streichen pflegte.

»Gestern nacht«, so lautete im Jahre 1882 die Meldung an Queen Victoria, »wurde er mit einem Freudenmädchen Arm in Arm am Waterloo Place beobachtet.«

Zur Rede gestellt, leugnete er nicht.

»Ja, eine Begegnung dieser Art hat stattgefunden«, gab er zu Protokoll, gelobte jedoch Besserung und versprach, »solcherart Nachtgefechte einzustellen.«

»Dieser elende alte Sünder!« wütete Victoria. »Er

soll mir nicht zu Prince Leopolds Vermählung unter die Augen treten!«

Aber Gladstone mußte eingeladen werden, und er erschien. Dabei hatte er die Stirn, sich bei seiner Gattin über »die unfreundliche Haltung der Queen« ihm gegenüber zu beklagen. »Sie wird erst glücklich sein, wenn sie mich aus dem Amte gejagt hat«, barmte er.

Obwohl er bei der Queen in Ungnade gefallen war, obwohl er Besserung gelobt hatte – drei Jahre später wurde er wiederum bei einem seiner »Nachtgefechte« ertappt.

»Hört das bei dem Halunken denn nie auf?« rief Victoria verzweifelt.

Gladstone war mittlerweile sechsundsiebzig.

Erschöpfungsakt

Mit knapp dreißig Jahren war Prince Leopold bereits ein leidender, kränklicher Mann. Dennoch kam es am 27. April 1882 endlich zu seiner Verehelichung mit Prinzessin Helen von Waldeck-Pyrmont. Zehn Monate darauf erlebte die Queen wieder einmal Großmutterfreuden.

»Ich kann es kaum glauben, daß mein lieber Leopold eine Tochter zu zeugen vermochte!« rief sie aus.

Da sie kurz vorher im Schloß Windsor eine Stufe übersehen und sich das Bein (auf victorianisch: *eine Gliedmaße*) verstaucht hatte, mußte sie zum Besuch des jungen Elternpaares getragen werden.

»Leopold lag erschöpft auf dem Sofa«, schrieb sie,

»Helen ruhte auf einem anderen, und wie ich als 3. hilflose Person dazukam, gaben wir in der Tat ein Bild der Lächerlichkeit ab.«

Monotonmonolog

Am 14. August 1882 machte Cetewayo, König vom Stamme der Zulu, in Begleitung einiger Getreuer seine Aufwartung in Osborne House auf der Insel Wight.

Er war zweiundfünfzig Jahre alt und hatte sich selbst als »alter und siecher Mann« angekündigt. Für seine Audienz bei der Queen trug er, wie Victoria in ihrem Tagebuch vermerkte, »einen in das Beinkleid gestopften bunten Eingeborenenkittel und darüber einen abscheulichen Frack.«

Victoria vermochte mit dem Mann nichts anzufangen und rang nach Worten. Jener aber wußte nicht, daß er nach den Regeln höfischer Etikette von seiner Herrscherin erst angesprochen werden mußte, um sich darauf zu äußern. Er hatte in Vorbereitung auf die Audienz die Namen dreier Prinzessinnen auswendig gelernt und erfreute sich daran, diese monoton und wiederholt herunterzubeten: »Helena, Louise, Beatrice, Helena, Louise, Beatrice ...«

Ein Höfling erhaschte einen Wink und geleitete die Zulus hinaus, und diese entboten mit über dem Kopf emporgehobener rechter Hand ihren Abschiedsgruß.

»Sie sind schon eine arge Bürde, unsere unmündigen schwarzen Kinder«, seufzte Victoria.

Weisheitssuche

In wichtigen Fragen pflegte Premierminister Gladstone eigenmächtig zu entscheiden – oder versuchte es zumindest. Ging es um, wie er meinte, »Bagatellen« oder Angelegenheiten, die den Hof direkt betrafen, ließ er sich dazu herab, die Queen zu konsultieren.

Eine jener den Hof berührenden Bagatellen waren anstehende Tunnelarbeiten für einen neuen Streckenabschnitt der Untergrundeisenbahn. Da der Buckingham Palace in nächster Nähe lag, wurde ein Regierungsbeamter, Mr. Bertram Mitford, nach Balmoral in Schottland entsandt, um den Ratschluß von Queen Victoria einzuholen. Am 12. November 1883 traf er ein, und am folgenden Tag wurde er vorgeladen.

Über das Treffen notierte die Queen: »Ich sagte, ich würde mein Einverständnis nur unter der Bedingung gewähren, daß weder Luftlöcher oder Rauch oder Lärm dem Palast nahe kämen.«

Als vorbildlicher Staatsbediensteter wußte Mitford, wie er sich seiner Monarchin gegenüber zu verhalten hatte und schmeichelte: »Ich wünschte nur, daß wir, die wir in Euer Majestät Regierung unsere Pflichten erfüllen dürfen, öfter die Gelegenheit hätten, aus Euer Majestät Weisheit unseren Nutzen zu ziehen.«

Kühlhaus

Auch im Sommer hing Kälte in den Räumen des Schlosses Balmoral. Victoria meinte, gerade darin läge der Reiz ihrer schottischen Residenz.

Ließ sie ihren überraschenden Einzug ankündigen, waren alle Feuer zu löschen, die Kamine zu säubern und die Fenster der einströmenden Kaltluft zu öffnen.

»Alle Ärzte sagen«, behauptete Victoria, »daß Hitze ungesund, Kälte aber gesund ist.«

Einmal fragte sie ihre jüngste Tochter, Princess Beatrice: »Wenn du dazu verurteilt wärest, entweder am Äquator oder am Nordpol zu leben, wofür würdest du dich wohl entscheiden?«

»Für den Äquator«, antwortete die leidgeprüfte und durchaus nicht winterharte Beatrice spontan und provozierte den Unmut ihrer Mutter.

Blätterwerk

Eine Fortsetzung von Queen Victorias »Tagebuchblättern« erschien am 12. Februar des Jahres 1884 unter dem Titel *More Leaves from a Journal of Our Life in the Highlands.*

Alle Welt heuchelte Anerkennung und lobte Victorias literarische Leistung, nur ihre eigene Familie nicht.

Edward Prince of Wales gab sich »entrüstet und angeekelt.«

Victorias deutschstämmige Tante Augusta, die alte Duchess of Cambridge, hatte im Verlaufe ihres siebenundachtzigjährigen Lebens genügend Englisch gelernt, um das Werk rundweg zu verdammen: »Solch eine üble & vulgäre Sprache! So elendes,

unnützes & triviales Zeug! So langweilig & uninteressant!«

Die Kritiker hetzten nur in größter Heimlichkeit
und trafen alle Vorkehrungen, um zu verhindern, daß
der von ihnen abgeschiedene Unflat der Queen unter
die Augen oder in die Ohren gelangte.

Blutrache

Victoria konnte ihre preußischen Verwandten auch
aus dem Grunde nicht ausstehen, weil sie ständig
»die Reinheit des Geblüts« im Munde führten und
ihre Tochter Vicky als »englisches subversives Ele-
ment« betrachteten.

»Diese Rederei über Blutreinheit klingt so, als ob
es ein bißchen wie um Tiere ginge.«

Als ihre Enkel, die Prinzen Wilhelm und Heinrich,
im Oktober 1885 ihren Onkel Edward Prince of Wales
besuchten, erfuhren sie nicht die Gnade eines Emp-
fanges von Großmutter Victoria.

»Die alte Hexe wollte uns nicht sehen«, beklagte
sich Willy danach gegenüber Bismarcks Sohn Herbert.

Sieben Schläfer

Als Tochter Vicky der Queen eine Schrift über die
Wohnbedingungen der Arbeiterklasse in Deutschland zugesandt hatte, wurde darüber beim Abendessen diskutiert, und die Queen wies ihren Premierminister Gladstone an, den Wohnzuständen besondere
Aufmerksamkeit zu widmen.

Ein Kirchenmann in der Tafelrunde erzählte über die Zustände im Osten von London und bemerkte, in einem Haus habe er gesehen, wie sieben Personen in einem Bett hätten schlafen müssen.

»Wäre ich eine davon gewesen«, meinte die Queen entschieden, »ich hätte mich auf den Fußboden gelegt.«

Geburtstagsdrohung

Im Jahre 1885 wurden Victorias Enkel, die Prinzen Albert Victor und George einundzwanzig und zwanzig Jahre alt. Die Queen sah keinen Grund zur Freude.

Enkel Albert ließ als »eingefleischter und unverbesserlicher Faulpelz« jegliche Anzeichen künftiger Königlichkeit vermissen. Und als Victoria erkennen mußte, daß auch George seinem Taugenichts von einem Vater, ihrem ungeliebten Sohn Edward, nacheiferte, hielt sie es für geraten, ihm auf der Geburtstagskarte folgende Altersweisheit mit auf den Weg zu geben: »Was das Wetten oder solcherart Tun betrifft, so haben sich schon unzählige junge und ältere Männer dem Untergange geweiht, die Herzen ihrer Eltern gebrochen und große Namen in den Staub getreten. Sei solchen Unheils stets eingedenk!«

Wiederholungstäterin

Victoria liebte es, zu Staatsdienern oder Generälen direkte Verbindungen zu pflegen. Dagegen gab es innerhalb der Regierung manchen Widerstand.

Einmal feuerte sie scharf zurück. Ihr Ziel war der

Marquis von Hartingdon vom Kriegsministerium. Sie habe »ihren Generälen *immer* direkt telegraphiert, und ich *werde* das *immer wieder* tun, da sie *das* schätzen und sich bei weitem nicht so viel aus einer offiziellen Mitteilung machen. Sie hält Lord Hartingdons Brief für *sehr kränkend* und *unverschämt* im *Ton*. Die Queen hat das Recht, an *jedermann* telegraphisch Glückwünsche zu übermitteln und von *jedermann* Erkundigungen einzuholen, und sie läßt sich keine Vorschriften machen. Sie *will keine* Maschine sein, aber die Liberalen möchten immer, daß sie sich SO *fühlt*, und sie *akzeptiert das nicht.*«

Teeologie

Als kleines Mädchen hatte Victoria nie Tee gemocht, als Frau hielt sie ihn für ungesund, und lauwarmer Tee zum Picknick war für sie das Letzte.

»Das ist die beste Tasse Tee, die ich je genossen habe«, lobte sie einmal ihren Leibdiener John Brown.

»Das möcht wahrhaftig so sein, Madam. Soll der Tee zur Köstlichkeit werden, so gehört doch mindestens auch ein zweifingerbreiter Whisky hinein.«

Ruhigstellung

Lord Salisbury löste 1895 Gladstone als Premierminister ab. Durch anhaltende Kehlkopfbeschwerden zum Schweigen verurteilt, diente er Königin und Nation weiterhin, indem er im Parlament freudlos die Oppositionsbank drückte.

Victoria schickte ihm einen Brief und mühte sich redlich um warme und trostreiche Worte.

»So hoffe und wünsche ich«, schrieb sie, »daß Mr. Gladstone von seiner Heiserkeit, an der er schon so lange leidet, genese, und des weiteren spreche ich die Hoffnung aus, daß er fürderhin davon abstehen möge, in der Öffentlichkeit Reden zu halten.«

Abgeneigt und ungehalten

Anfang 1886 stand Gladstones erneuter Einzug in das Amt des Premierministers bevor. Victoria war ungehalten darüber.

Offen erklärte sie: »Die Queen schert es nicht im mindesten, wer es weiß; vielmehr wünscht sie, es möge bekannt sein, daß sie um des Landes willen die größtmögliche Abneigung dagegen hegt, diesen 1/2 verrückten & in so vielerlei Hinsicht lächerlichen alten Mann zu akzeptieren.«

Nachtgespenst

Am Montag, dem 1. Februar 1886, begab sich der alte und neue Premierminister Gladstone per Schiff hinüber auf die Insel Wight, um sich nach der Amtsübernahme in Osborne House seiner Queen vorzustellen.

Victoria mußte mit ihren Lippen fast seine buschigen Koteletten berühren, um bei dem alten Mann überhaupt Gehör zu finden.

»Er seufzte tief auf«, schrieb sie in ihr Tagebuch. »Ich sagte, er habe sich viel vorgenommen, worauf er mit ›ja‹ antwortete. Er war fürchterlich durcheinander und hochgradig nervös.«

Im Verlaufe eines recht einsilbig geführten Gesprächs ersuchte der für seine »Nachtgefechte« mit Dirnen bekannte Gladstone die Queen, »ihm des Nachts keine unangenehmen Botschaften zu schicken, weil er dadurch um den Schlaf gebracht« würde.

Bumsvalera

Victoria besuchte Coburg und wollte sich auf eine Ausfahrt begeben. Da marschierten die deutschen Wachtsoldaten auf und trommelten ein resonantes Furioso.

»Ach, möchten sie doch einrücken!« stieß Ihre Majestät gepeinigt hervor.

Schon ging Leibdiener John Brown ausgreifenden Schrittes und wippenden Kilts los und brachte die Trommler augenblicks zum Schweigen, indem er mit wegwischender Handbewegung und Gehorsam erzwingender Stimme befahl: »Nix Bum-bum!«

Blitzableiter

Kriegsminister Lord Hartingdon beklagte sich bei einem Freund über einen der königlichen Zornesausbrüche, den er bei einer Audienz über sich hatte ergehen lassen müssen. »Sie schikanierte mich und behandelte mich wie einen ihrer Lakaien.«

»Warum ließ sie zu diesem Zwecke nicht wenigstens den Butler kommen?«

»Oh, der Butler kennt das schon; wenn königlicher Mißmut aufzieht, pflegt er sich zu verdrücken.«

Rühreierselig

Um die Zeit des fünfzigsten Jubiläums ihrer Thronbesteigung und sechsundzwanzig Jahre nach Alberts Tod hatte Victoria ihre Trauer einigermaßen überwunden.

Sogar ein gutes Frühstück nahm sie wieder mit Genuß zu sich und seufzte nicht wie bisher: »Ach, wie gerne aß Albert, mein seliger Engel, doch Rühreier, und die muß er nun schon so lange entbehren.«

50 + 10 000

Am 20. Juni 1887 blickte Victoria auf fünfzig Jahre königlicher Herrschaft zurück, und aus aller Welt gingen Glückwünsche ein.

Aus Madras flatterte ein Gedicht heran. Darin wurden Eisenbahnen und Dampfschiffe als »himmlische Engel der Königin und Kaiserin« besungen.

Im indischen Mithi begingen die offiziellen Stellen das Goldene Thronjubiläum, indem sie die »Queen-Victoria-Jubiläums-Verbrennungs- und Begräbnisstätte« mit der Leiche eines Obdachlosen ohne Familie einweihten. In Singapur erhielten die Aussätzigen besonders großzügig bemessene Reisgaben, wofür sie »Mutter Victoria« eine zehntausend Jahre währende Herrschaft wünschten.

Tintenfest

Sohn Edward Prince of Wales war zum Thronjubiläum seiner Mutter eine ganz besondere Ehrengabe eingefallen: Ein goldenes Tintenfaß mit einer Krone als Deckel. Hob man diesen Deckel an, so bewirkte ein Spiegeltrick das Erscheinen des Antlitzes der Queen als verschwommene Fratze auf der schwarzen Tintenoberfläche.

»Sehr hübsch und nützlich«, befand Majestät in ihrem Tagebuch, vermied es jedoch bis an das Ende ihrer Tage, mit spitzer Feder in ihr eigenes Gesicht zu stupsen und somit Hand an sich selbst zu legen.

Hymnen aus dem Hinterhalt

Automatische Musikturnüren, die *God Save the Queen* spielten, wenn die Trägerinnen Platz nahmen, waren in London der letzte Schrei. Sogar der Vizekönig aus dem fernen Indien wußte zu vermelden, daß »sich alle Damen der weißen Gesellschaft Jubiläumsturnüren schicken lassen.«

Queen Victoria zeigte sich nicht übermäßig beeindruckt.

»Wenn sie sich nur auch alle noch zugleich hinsetzten, dann möchte der Allmächtige im Himmel den frommen Wunsch wohl schwerlich überhören«, bemerkte sie.

Gift und Galle

Aus Anlaß des Goldenen Jubiläums der Victoria druckte die Zeitung *Reynolds Newspaper* am 19. Juni 1887 folgende antikönigliche Tirade:

»Gibt es einen einzigen Speichellecker unter der ganzen Christenheit, der auch nur eine gute Tat nennen könnte, die die Königin, ihre Söhne und Töchter oder irgendeiner aus ihrer unerschöpflichen Brut armseliger Verwandter *made in Germany* jemals für die Bevölkerung unseres Landes vollbracht hätten?

Nächsten Dienstag werden an der Westminster Abbey zehntausend Menschen zu sehen sein, die sich alle gotteslästerlich zu Boden werfen und ein verwöhntes altes Weib mit vergrämter Visage und niederträchtiger Seele anbeten, nur weil in ihren Adern zufällig etwas von jenem Gifte fließt, das schon in den Venen eines solchen Anbeters von Sodom und Gomorrha wie James I. pulste. – Man bedenke dies, oh Himmel!«

Es mußte hinfort streng darauf geachtet werden, *Reynolds Newspaper* nicht unter die königlichen Augen kommen zu lassen.

Huldigung in Schwarz

Eine Botschaft, wie sie Victoria gerne hatte, fand aus Afrika ihren Weg nach London. Der sechsundsiebzigjährige Häuptling Letsie aus Basutoland schrieb:

»Wir, nichtswürdiges Geläus im Pelze Eurer Majestät, empfinden es in der Tat als absonderlich, wie ein Weib König sein kann. Freilich erfahren wir aus dem Buche Gottes, daß dermaleinst eine Weibsperson namens Sheba lebte, so auch König war und dem weisen König Salomon ihre Aufwartung machte.

Wäre ich nicht alt und gebrechlich, auf den Weg begeben wollte ich mich sogleich und in die Ferne ziehen, um Euer Majestät mit meinen eigenen Augen zu schauen, allwie das, so hören wir, deren viele Könige und Häuptlinge aus aller Welt gehalten haben.

Wir hören auch, daß Euer Majestät Untertanen eine schier unübersehbare Schar von über dreihundert mal tausendtausend Menschen zählt, daß diese sich alle glücklich preisen, Euer Majestät Untertanen zu sein, und daß die Sonne über Eurem Weltreiche nie versinkt.«

»Wie anrührend«, murmelte Victoria und schob den Brief ihrem Privatsekretär hin.

Drittes Auge

Im März 1888 reiste Victoria nach Italien. In Florenz drängten sich die Menschen. Alle wollten die restaurierte Domfassade bewundern. Da bahnten Polizisten eine schmale Gasse – Victoria klapperte in ihrem Ponywägelchen heran.

Sie ließ halten, kramte in den unergründlichen Tiefen ihrer Korsage und brachte ein edelsteinbesetztes Medaillon zum Vorschein. Kenner wußten darauf Alberts Abbild.

Die Queen hielt das Kleinod hoch, reckte ihren

kurzen Arm himmelan, dem Dom entgegen und entäußerte sich des bedeutungsschwangeren Wortes: »Da!«

Der italienische Ehrenbegleiter erkundigte sich bei einer Hofdame nach dem Grund jenes absonderlichen Tuns.

»Ach, Ihre Majestät«, erfuhr er, »nimmt das Medaillon, welches das Bildnis ihres verblichenen Gemahls zeigt, sehr oft zur Hand. Sie pflegt ihm stets Neues zu zeigen, was er in seinen jungen Jahren noch nicht sehen konnte.«

Einsame Spitze

Victorias Tante, die Duchess of Cambridge, verstarb 1889 im hohen Alter von zweiundneunzig Jahren. »Ach, welcher Verlust!« seufzte die Queen. »Dahin ist nun der letzte Mensch dieser Welt, der das Recht hatte, mich Victoria zu nennen. Die Luft ist dünn geworden hier oben, und es ist ziemlich einsam.«

Spätentwickler

Einmal stellte sich Prince Edward zu spät an der Tafel ein. Zunächst suchte er Schutz hinter einer Säule, um sich den Angstschweiß von der Stirn zu wischen. Dann fand er endlich den Mut, vor seine königliche Mutter zu treten. Die bedachte ihm lediglich mit einem blitzenden Blick. Edward huschte hinter eine andere Säule und verweilte dort stehend bis zum Ende des Mahles.

»Wenn du dir Gesicht und Augen gewischt hast,

magst du hervortreten«, erlaubte ihm die Queen gnädig.

Edward hatte die Fünfzig längst überschritten.

Frau Königin hatte einen ...

Victoria hatte einen indischen Vertrauten namens Abdul Karim. Einst hatte er bei Tische bedient, war aber rasch zum Munshi*) und sogar zum Hindustani-Lehrer der Queen aufgestiegen. Wie ein Diener behandelt zu werden lehnte er entschieden ab.

Victoria war vernarrt in ihren Munshi und überhäufte ihn mit Gunstbezeigungen, nahm ihn in ihren Hofstaat auf und ließ ihn nahe ihrem Osborne House eine Residenz einrichten. Bald zogen dort etliche indische Frauen ein. Seine Gattin sei darunter und mehrere Tanten, hieß es.

»Sooft ich zu einer Mrs. Karim gerufen wurde, streckte sich mir jedesmal eine andere Zunge zur Untersuchung entgegen«, berichtete der königliche Leibarzt Dr. Reid.

Zigeunerbaron

Queen Victoria hatte eine Schwäche für alles Exotische und ging auch dem einen oder anderen Gaukler auf den Leim.

Im Mai 1889 wurde ein gedrungener Mann mit Rauschebart nach Schloß Windsor zum Abendessen

---

*) indischer Schriftgelehrter, Schreiber

mit anschließender Übernachtung geladen. Er nannte sich »Professor Arminius Vambery«, war fünfundfünfzig Jahre alt, Zigeuner und angeblich ein berühmter Gelehrter aus Ungarn.

In Windsor schrieb der »Professor« in sein Tagebuch: »Wenn mir einst, als ich noch hungerte, jemand vorausgesagt hätte, ich würde eines Tages der geehrte und quasi geadelte Gast der Königin von England und Kaiserin von Indien sein, ich hätte ihn für einen Narren gehalten.«

Und doppelt unterstrichen fügte er auf deutsch hinzu: »Haschele Wamberger, das hast Du gut gemacht!«

Verdammt!

Im Sommer 1889 kam der junge Kaiser Wilhelm, Victorias Enkel, zu Besuch. Da er mit seinem Schiff direkt die Insel Wight ansteuerte, schlugen königliche Berater vor, einige von den farbenprächtig gekleideten *Yeomen of the Guard*[*] in den Hafen von Cowes zu entsenden, um der kaiserlichen Ankunft so die rechte Weihe zu verleihen.

Vom Privatsekretär der Monarchin kam eine kategorische Antwort: »Die Queen sagt, sie will verdammt sein, wenn wegen ihres unbotmäßigen deutschen Enkels auch nur ein einziger *Beefeater*[**] von London abgezogen wird.«

---

[*] Leibgardisten
[**] Wächter des Tower

Alter Hut

Als Victoria im Sommer 1891 einmal durch Windsor fuhr, richteten sich aller Augen auf sie. Da war doch etwas Neues! Kreierte die Queen einen gewagten Modetrend?

Lady Monkswell, eine Hofdame, wußte es besser.

»Sie trug einen Hut«, berichtete sie, »den ich schon vor fünfunddreißig Jahren bei ihr gesehen hatte. Er war mit einer großen schwarzen & auch einer weißen Feder geschmückt. – So flott für eine alte Dame von zweiundsiebzig!«

Victoria brachte es einfach nicht über sich, etwas wegzuwerfen und meinte, gebrauchte Kleidungsstücke eben auftragen zu müssen.

Und »Amen«

Im November des Jahres 1892 schickte die Queen ihrer Tochter Vicky einen Brief.

»Gladstone ist mittlerweile der größte Langweiler aller Zeiten & nahezu *taub* geworden«, schrieb sie. »Er pflegt unziemlich *dicht* an seine zurückweichende Herrscherin heranzurücken, damit er ihre Worte *verstehen* kann. Es ist *unmöglich,* über wirklich *wichtige Probleme* zu sprechen. Von Gladstone erfahre ich nur, wer wieder das Zeitliche gesegnet hat.

Es ist nicht auszuhalten, und es ist eine Farce & leider eine reine Förmlichkeit, solch einen Nichtsnutz von einem Ersten Minister der Queen of England empfangen zu müssen.«

Pastor Macgregors Fürbitte im Kirchlein von Crathie in Schottland an den Allmächtigen, »auf daß er seine Weisheit verströme über die Minister der Queen; denn jene bedürfen selbiger dringlich«, löste beifällige Unruhe aus im königlichen Gestühl.

Victoria stieg vor unterdrücktem Lachen die Röte ins Gesicht, und ihre Hofdame Lady Antrim vermochte sich eines halblauten »Amen« nicht zu enthalten.

Hintergrundinformation

Einer der Adjutanten des Prince of Wales, Generalmajor Sir Arthur Ellis, war verblüfft über die Demonstration des Geizes in Schloß Windsor.

»Hier wird gespart, das merkt man wohl, und das ist in seiner ganzen Genialität schon wieder originell und bewundernswert«, schrieb er an Victorias Privatsekretär. »In den Klosetts – zurechtgeschnittenes ZEITUNGSPAPIER mit den neuesten Nachrichten!«

Unterm Strich

Anfang der neunziger Jahre des 19. Jahrhunderts sollte »schwere Unzucht zwischen gleichgeschlechtlichen Partnern« unter Strafe gestellt werden. Als der Gesetzentwurf der Queen vorgelegt wurde, erklärte diese mit Bestimmtheit im Ton und keinen Widerspruch duldend: »Frauen tun so etwas nicht.«

Keiner von Victorias mächtigen Ministern wagte, Ihrer Majestät auseinanderzulegen, was »gleichgeschlechtliche Partner«, also auch Frauen, mitunter und miteinander trieben. Und so zogen sie es vor, den

Text lieber zu ändern, so daß er sich ausschließlich auf Männer bezog.

Lesbische Liebe fand keine Erwähnung. Für die Queen gab es sie nicht.

»Seid Ihr alle da?«

Victoria führte den alten Brauch wieder ein, Schauspieler kommen und am Hofe zu Windsor auftreten zu lassen. Dabei verfolgte sie das Geschehen auf der Bühne mit einer Freude wie ein Kind beim Kasperltheater. Kam es zu überraschenden Wendungen im Handlungsablauf, tat sie allwissend und rief überlegen: »Ha, habe ich es doch geahnt! Damit hätten Sie wohl nicht gerechnet, wie?«

Erfahrungsschatz

Hin und wieder mußten von den Mitgliedern der königlichen Familie Porträtgravüren angefertigt werden. Dabei bestand die Queen darauf, die ersten Proben zu begutachten. Manchen Künstler brachte sie mit ihren Mäkeleien an den Rand der Verzweiflung. Doch die Porträtisten überschlugen sich in Komplimenten; sie priesen die Weisheit, den ausgeprägten Geschmack wie Kunstverstand und die wertvollen Hinweise Ihrer Majestät. Victoria schlürfte solcherart Lobpreisung gierig in sich hinein.

»Ihr könnt getrost davon ausgehen«, meinte sie einem Maler gegenüber, »daß ich und die Meinen schon so oft konterfeit wurden – also, ich weiß wohl, was eine lange Nase ist, und abstehende Ohren erkenne ich auf den ersten Blick.«

Tintenkuli

Der Privatsekretär Ponsonby war siebzig und diente Victoria im dritten Jahrzehnt gewissenhaft. Die Queen war mit ihm alt geworden, kannte aber kein Erbarmen und mochte nicht auf ihn verzichten.

»Immer kleinere Schrift, immer blassere Tinte!« mäkelte sie.

Der arme Mann wußte: Ihr Augenlicht ließ nach. Er wußte aber auch, daß sie das einfach nicht wahrhaben und zugeben wollte. Also malte er in der dunkelsten Tinte, die er auftreiben konnte, immer größere Buchstaben, so daß bald nicht mehr allzuviele Wörter auf einen Bogen Kanzleipapier paßten.

Victoria nörgelte unaufhörlich weiter.

»Ich muß einen Staatsstreich anzetteln, um von ihr loszukommen«, schrieb der verbitterte Ponsonby aus dem schottischen Balmoral an seine Frau.

Gegengunst

Im Jahre 1895 empfing Victoria Prinz Nasrulla Khan aus Afghanistan. Er überbrachte einen Brief von seinem Vater, dem Amir von Kabul, und führte »vierzig feine Umschlagtücher sowie achthundert Teppiche« als Geschenk für die Queen mit sich.

Victoria vermerkte das in ihrem Tagebuch und vergaß nicht, hinzuzufügen, wie sie »die großzügige orientalische Geste rührte.«

»Ich fühlte mich dem Prinzen und seinem Vater verbunden. Zum Dank und als Beweis meiner hohen Gunst zeigte ich dem Prinzen unser Mausoleum, in dem mein Albert nunmehr seit 34 Jahren ruht.«

Albert ewiglich

Die Flucht von Gemächern im Schloß Windsor, in der Albert, der Prince Consort, bis zu seinem Tod gelebt hatte, durfte nur von wenigen auserwählten Bediensteten betreten werden. Nichts war angerührt oder verändert worden.

Albert schien noch leibhaftig anwesend zu sein und umzugehen. Also mußte er auch das Bedürfnis haben, sich zu pflegen und zu kleiden. Darum bekam er jeden Abend seinen Hausrock auf das Bett gelegt, und sein Waschbecken wurde allmorgendlich mit frischem, sein Rasiernapf mit heißem Wasser gefüllt. Der Porzellantopf unter dem Bett für die prinzliche Notdurft zur Nacht mußte allmorgendlich gründlich ausgescheuert werden und erlangte so einen Reinheitsgrad, der bei Gefäßen dieser Bestimmung eine weltweite Einmaligkeit darstellte.

Victoria wollte es so – tagtäglich, ohne Ausnahme, vierzig Jahre lang, bis sie selbst starb.

Abfuhr

Einmal war Victoria eingeladen, in Manchester eine Bibliothek zu besichtigen. Der tollkühne Bibliothekar ergriff die Gelegenheit, seine Tochter vorzustellen.

»Euer Majestät, darf ich Ihnen meine Tochter ...« –
»Ich bin gekommen, um mir die BIBLIOTHEK anzusehen.«

Majestät dampfte davon.

Entblößung

Als Victoria vor ihren Hofdamen versehentlich die Haube vom Kopfe rutschte, beschrieb sie diese Bagatelle als »furchtbares Mißgeschick«.

Als sie einmal in Schottland mit ihrer Kutsche umstürzte und unter den Trümmern hervorgezogen werden mußte, berichtete sie danach hinter vorgehaltener Hand und schamhaft lachend ihrer Enkelin Prinzessin Marie Louise von Schleswig-Holstein: »Das wirst du nicht glauben, man konnte alles sehen! Meine unteren Gliedmaßen, bis zu den Knien entblößt!«

Einmaligkeit

Der Leibarzt der Queen, Sir James Reid, und eine Ehrenjungfrau, die Ehrenwerte Susan Baring, verlobten sich 1899.

Victoria schüttelte es vor Widerwillen, und sie erleichterte sich in einer ihrer zahlreichen Episteln an ihre Tochter Vicky: »Wie kann eine Baring *ihn* akzeptieren? Wäre ich jünger, *ich* hätte ihm den *Abschied* gegeben. Doch in meinem *Alter* ... So lebt er eben weiter in meinem Hause, aber es ist *lästig,* & ich vermag meine Mißstimmung nicht zu unterdrücken.«

Sir James Reid war die königliche Mißstimmung nicht verborgen geblieben. Er ließ seiner majestätischen Privatpatientin einen Brief zukommen und versicherte darin, sich nicht noch einmal eines derartigen Vergehens schuldig machen zu wollen.

½ & ½

Victoria hatte Verlöbnisse oder Heiraten zeit ihres Lebens gern kritisiert oder befürwortet.

Gräfin Valerie Hohenthal weigerte sich grundsätzlich, ihren Geliebten, den deutschen Grafen Uexküll zu ehelichen, obwohl sie mit ihm schon lange zusammenlebte und die beiden mit vier Kindern gesegnet waren.

Überraschenderweise bezeichnete die Queen dieses für damalige Zeiten seltsame Verhältnis wilder Ehe als »½ verrückt, doch heilig.«

Stuhlgang

Im hohen Alter war Ihre Majestät fest davon überzeugt, daß sich unter ihrer Herrschaft die Sitten gebessert hätten.

Bereits vor sechzig Jahren habe sie Lord Melbourne gegenüber festgestellt: »Moderne Frauen verfügen über eine höhere Bildung, Männer trinken weniger, und Hunde gehen sorgsamer mit den Möbeln um.«

Der Lord hatte ihr allerdings nicht zugestimmt. Er könne absolut keine Verbesserungen erkennen, meinte er. »Erst gestern ist der Hund wieder an meinen Lehnstuhl gegangen und hat daran sein Bein gehoben.«

Trostlos

Kurz vor Victorias Tod hatte eine Hofdame ihr gegenüber trostreich gesagt: »Wir werden uns alle in Abrahams Schoße wiedersehen.«

Die Queen reagierte indigniert.

»Haltet mir diesen Abraham vom Leibe!« stieß sie hervor. »Mit meinem geliebten Gemahl will ich so bald wie möglich wiedervereinigt sein.«

Engel-Bertie

Mit seinen fast sechzig Jahren konnte Edward (»Bertie«) über die Langlebigkeit seiner Mutter nur noch spotten.

»Sie sträubt sich einfach dagegen, in den Himmel zu fahren«, ließ Prince Edward einmal im Kreise bewährter Verschwiegener verlauten, »dort laufen ihr die Engel nämlich den Rang ab.«

Die Witwe von Windsor

Am 22. Januar 1901 um 6.30 Uhr vollendete sich in Osborne House auf der Insel Wight das Leben von Queen Victoria nach dreiundsechzigjähriger Herrschaft. Sie verschied im Alter von zweiundachtzig Jahren.

Kaum war am Tor die Mitteilung über Victorias Tod verlesen worden, brach die Hölle los. Journalisten auf Fahrrädern lieferten sich ein Wettrennen nach dem Hafenstädtchen Cowes hinunter.

»Die Queen ist tot! Die Queen ist tot!« schrien sie. Jeder wollte als erster am Telefon sein.

Mit dem berühmten und sorgsam gepflegten Mysterium um »die Witwe von Windsor« war es plötzlich vorbei. Ein neues Zeitalter hatte begonnen.

Opas späte Chance

Der Dichter Henry James schrieb damals anläßlich des Todes von Queen Victoria: »Uns allen ist heute, als ob wir eine Mutter verloren hätten. Die mysteriöse Victoria ist dahingegangen, und an ihrer Statt haben wir nun diesen Fettsack, diesen ordinären, fürchterlichen Edward.«

Winston Churchill, ein junger, aufstrebender Politiker sah das allerdings ganz anders.

»Zum Teufel«, rief er aus, »ich bin wirklich froh, daß Edward endlich, endlich seine Chance bekommt!«

Thronfolger Edward war mittlerweile Großvater.

Nachlaß

Victoria hatte nie erlaubt, an der Einrichtung des Buckingham Palace etwas zu verändern. Die Gemächer und Kammern, die Schränke und Truhen und Schubladen quollen über von Kleidungsstücken und Krimskrams aus siebzig Jahren. Ein großer Schrank barg nichts als Puppen. Im Porzellanzimmer in Windsor waren sämtliche Trinkbecher aus Victorias Kindheit aufgestellt. Kein Möbelstoff durfte erneuert, kein Teppich, keine Gardine durch eine andere ersetzt werden. Und wurde dies im Laufe der Zeit dennoch unumgänglich, mußten die Gewebe und Muster so gleichartig sein, daß selbst der intimste Kenner des königlichen Interieurs keinen Unterschied zu entdecken vermochte.

Die Bilder an den Wänden von Windsor waren von Albert an ihre Plätze gehängt worden, und seine Anordnungen sollten ewig gültig bleiben.

Als der neue König Edward VII. sich nun im Buckingham Palace sowie in Windsor umsah und das ganze Ausmaß des gerümpeligen Nachlasses in Augenschein nahm, gebot er entsetzt: »Man sorge dafür, daß diese Grabkammern gründlich ausgemistet werden!«

Nachwort

In der ostenglischen Grafschaft Lincolnshire, wo sich das Land eierkuchenplatt dahinbreitet und die Luft nach Salz schmeckt, weil die Nordseeküste nicht weit ist, liegt das Dörfchen Moulton. Einen Anspruch, dem Fremden etwas bieten zu wollen, erhebt der Ort keineswegs. Lediglich sein Kirchhof fand einst verhaltenes Interesse. Der Dorfchronist weiß nämlich von einem inzwischen verschwundenen Armengrab zu erzählen, auf dem ein karges Schildchen darauf hinwies, daß eine Victoria Chapman hier im Jahre 1681 ihre letzte Ruhe fand. Und nur des berühmt gewordenen königlichen Vornamens wegen war die schlichte Grabstätte überhaupt so lange erhalten und von dem einen oder anderen Verehrer Queen Victorias aufgesucht worden – als ältestes bekanntes Zeugnis ihres Namens auf den Britischen Inseln.

Erst durch Queen Victoria gelangte der bis dahin in Britannien kaum bekannte Vorname zu Ruhm. Die Princess und spätere Queen gab ihn an die *Princess Royal,* die Kronprinzessin, weiter; und zahlreiche Enkelinnen und Nachfahren der Königin trugen ihn, doch im Volke verbreitete er sich spärlich.

Victorias Vorfahr, George I. (1660–1727), hatte die Hannoversche Dynastie in England begründet. Ihm folgte sein einziger Sohn George II. (1683–1760) und dem wiederum Enkel George III. (1738–1820), Victorias Großvater. Ihre beiden Onkel George IV. (1762–1830) und William IV. (1765–1837) waren die älteren Brüder ihres Vaters Edward Augustus Duke of Kent and Strathearn. Victoria entstammte somit dem Hause Hannover.

Victorias Vater trat durchaus nicht als geschichtsprägende Persönlichkeit hervor. Seine Mutter war Charlotte von Mecklenburg-Strelitz; er hatte acht Brüder und sechs Schwestern um sich und drohte in Bedeutungslosigkeit zu versinken. Obwohl sein Einkommen jährlich vierundzwanzigtausend Pfund Sterling betrug, wuchsen ihm leichtsinnig verursachte Schulden über den Kopf.

Im Jahre 1817 starb die mit dem Coburger Prinzen Leopold verheiratete englische Princess Charlotte im Kindbett. Sie war die einzige legitime Tochter von George IV. und einzige Anwärterin auf den britischen Thron. Andere Prätendenten gab es nicht. Die britische Monarchie schien ihrem Ende entgegenzutaumeln. In höchster Not wurde demjenigen, der der Krone einen Erben schenken würde, eine Apanage in Höhe von fünfundzwanzigtausend Pfund in Aussicht gestellt.

Diese Situation nutzend, interessierte der mit Princess Charlottes Tod verwitwete und weiterhin in England lebende deutsche Prince Leopold seinen angeheirateten fünfzigjährigen Schwager Edward Duke of Kent and Strathearn für seine Schwester Victoria Prinzessin zu Coburg und verwitwete Fürstin zu Leiningen. Das war Edwards Gelegenheit: Er brauchte dringend ein Einkommen, und die neununddreißigjährige deutsche Prinzessin Victoria suchte eine standesgemäße zweite eheliche Verbindung. Ende Mai 1818 heiratete das Paar, und ein Jahr später kam Princess Victoria zur Welt. Britannien hatte wieder einen Erben.

Victorias Vater verstarb ein Jahr nach ihrer Geburt. Victoria wuchs ohne Geschwister auf, streng bewacht von ihrer Mutter.

Am 20. Juni 1837 verstarb William IV., und für Princess Victoria begann das Leben als Königin.

Der englische Dichter Walter Savage Landor (1775-1864) schrieb damals voll bitterer Ironie:

> *Den vier Georgen singe ich;*
> *Ein Glück nur, sie erschöpften sich.*
> *Am allerschlimmsten von den vieren*
> *Mag der Erste wohl rangieren.*
> *Andre aber meinen klar,*
> *Daß es George der Zweite war.*
> *Und wer hörte von den Briten*

Jemals Guts von George dem Dritten?
Als dann der Vierte von hinnen schied,
Aus war's mit der Georgen Lied.

Dieser Spottvers vermittelt einen Eindruck von dem Erbe, das die achtzehnjährige Queen Victoria im Jahre 1837 antrat.

Victorias Thronbesteigung wurde von der Bevölkerung mit scheelen, sogar haßerfüllten Augen betrachtet. Etliche Jahre benötigte sie, um den Respekt, der jedem ihrer hannoverschen Vorfahren vom Volke über Generationen hin versagt worden war, zu gewinnen.

Victorias Herrschaftsantritt erfolgte zum Ausklang der industriellen Revolution in England. Epochemachende Erfindungen wie die Spinnmaschine von Hargreaves 1764, die Dampfmaschine von Watt 1769, der mechanische Webstuhl von Cartwright 1787 und die Lokomotive von Stephenson 1814 hatten die Welt aufmerken lassen. Großbritannien war zur ersten Industriemacht der Welt geworden. Damit einhergehend hatten sich auch die gesellschaftlichen Verhältnisse gewandelt: Es bildete sich eine Arbeiterschaft und eine industrielle Bourgeoisie heraus.

Unter diesen neuen Bedingungen bemühte sich Victoria, ihrer Königinnenrolle gerecht zu werden und sich in die Staatspolitik hineinzuarbeiten. Dabei erfuhr sie die Anleitung ihres ersten Premierministers William Lamb 2nd Viscount Melbourne. Lord Melbourne war der Führer jenes Flügels der Whig-Partei, aus dem später die Liberale Partei hervorging. Er übte einen starken und progressiven Einfluß auf das politische Denken der Queen aus, war nicht nur enger und vertrauter Berater, sondern blieb bis zu seinem Tode im Jahre 1848 auch ihr väterlicher Freund.

Am 10. Februar 1840 heiratete Victoria ihren Cousin Albert. Gleich zu Anfang ihrer Ehe stellte sich der jugendliche, jedoch bereits mit Universitätsbildung ausgestattete Albert die Aufgabe, aus der eigensinnigen und wohl etwas unerzogenen Victoria erst einmal eine Königin zu *machen*.

Er pflanzte ihr Disziplin ein, regelte ihren Tagesablauf, teilte ihr die Arbeit zu und übernahm die Rolle ihres Sekretärs, die er nicht gering achtete.

Jahrelang hielt der Widerstand einflußreicher Kreise bei Hofe gegen Albert an, und nur allmählich konnte er Vertrauen gewinnen. Dann allerdings nahm er eine Stellung ein, wie sie sonst nur ein Souverän innehatte; er zog die Fäden und wirkte als heimlicher König Großbritanniens. 1857 verlieh ihm die Queen den Titel *Prince Consort*, Prinzgemahl.

Nach Alberts frühem Tod im Jahre 1861 erklärte Premierminister Disraeli: »Mit Prince Albert haben wir unseren Herrscher zu Grabe getragen. Einundzwanzig Jahre lang regierte dieser deutsche Prinz England mit Weisheit und Tatkraft, wie sie keiner unserer Könige je an den Tag legte.«

Zwischen 1840 und 1857 brachte Queen Victoria neun Kinder zur Welt. Victoria und Albert entfalteten einen ausgeprägten Familiensinn und sorgten dafür, daß ihre Nachkommen in nahezu alle königlichen Familien Europas einheirateten. Victorias Familienbande erstreckten sich nach Deutschland, Dänemark, Rußland, Griechenland, Schweden, Norwegen, Rumänien, Jugoslawien, Belgien und Spanien. Sie war die »Großmutter Europas« und ist die gemeinsame Ururgroßmutter der heutigen Queen Elizabeth II. und ihres Gemahls Prince Philip.

Queen Victoria herrschte bis zu ihrem Tode, über dreiundsechzig Jahre lang, äußerst erfolgreich. Nicht zuletzt ermöglichten das ihr die zehn fähigen Premierminister, die sie im Laufe ihres Königinnenlebens kommen und gehen sah sowie ein für damalige Zeiten bereits hochentwickelter und alle Regierungen überdauernder Beamtenapparat.

Den meisten ihrer Premierminister begegnete Queen Victoria mit kalter Gleichgültigkeit, wenn nicht gar mit höchstkultivierter Abneigung, die sie zuweilen, besonders Gladstone gegenüber, in giftigen Haß zu steigern vermochte. Vertrauen faßte sie lediglich zu Lord Melbourne und später zu dem jüdischen Intellektuellen Disraeli. Victorias Schwäche bestand darin, daß sie vermeinte, von einer starken Hand geführt werden zu müssen. Anfangs hatte Melbourne diese stützende Rolle gespielt, danach gab es außer ihrem Gemahl Albert ohnehin niemand anderen, schließlich übernahm Disraeli diesen Part.

Victoria hatte immer darauf bestanden, zumindest in außenpolitischen Fragen von der Regierung konsultiert zu werden. Disraeli kam ihr entgegen bei der Einsetzung ihr genehmer Persönlichkeiten in hohe politische und militärische Ämter. Dafür stellte sie sich hinter seine Politik der Stärkung und Ausdehnung des Britischen Weltreiches, dem erklärten Ziel der Staatspolitik. Kolonien boten sich als billige Rohstofflieferanten und gleichermaßen als Absatzmärkte für industrielle Fertigprodukte an. Die Niederschlagung der als »Sepoy-Aufstand« in die Geschichte eingegangenen nationalen Erhebung in Indien war Victorias Regierung willkommener Anlaß, um die von britischen Kaufleuten geführte und Indien faktisch beherrschende Ostindiengesellschaft 1858 aufzulösen und das Riesenland in eine Kronkolonie umzuwandeln. Darauf gelang es 1876 dem Konservativen Disraeli, der Königin die seine Karriere krönende Huldigung darzubringen: Er setzte für sie den Titel »Kaiserin von Indien« durch.

Waren Victorias erste Jahre als Herrscherin von erbitterten sozialen Spannungen geprägt gewesen, so bildete sich um die Mitte des 19. Jahrhunderts eine nationale Einigkeit heraus. Der typische und unnachahmlich britische Nationalstolz entwickelte sich in dieser Epoche. Die Londoner Weltausstellung von 1851 geriet zum Triumph der Nation wie des Königshauses, Großbritannien war zur »Werkstatt der Welt« geworden. Victoria und Albert – beide bisher beim Volke nicht über die Maßen beliebt – wurden bejubelt.

In den fünfziger Jahren des 19. Jahrhunderts entstand in Großbritannien das Wort *Victorian*, und die Welt nahm es als »victorianisch« zur Kenntnis.

Queen Victoria, diese kleine, unattraktive Frau, wurde zur wichtigsten Persönlichkeit ihrer Zeit und zur mächtigsten Frau der Welt. Sie gilt als berühmteste Königin Großbritanniens. Keine männliche Königsfigur des englischen Reiches gelangte je zu solchem Ruhm.

Als sie 1901 starb, lebten sechs ihrer neun Kinder, vierzig Enkel und siebenunddreißig Urenkel.

Die Anekdote ist ein treffliches Mittel, einen Menschen in seiner Persönlichkeit wie in seiner ganzen Privatheit in einzelnen Momentaufnahmen darzustellen und zu beschreiben. Das Bild, welches sich dabei von Queen Victoria ergibt, ist durchaus widersprüchlich. Weder hat sie sich nur mit Kindergebären und Kuppelei beschäftigt, noch war sie – wie ihr über ihre lange Witwenzeit gern nachgesagt wurde – ausschließlich die bärbeißige und unnahbare Alte. Nein, Victoria verfügte über Witz und Humor; sie war den Freuden des Lebens ganz entschieden zugetan und verstand sie mit Albert und im Kreise ihrer Familie zu genießen.

Unbestritten sind Victorias Verdienste um Großbritannien. Ihr Name wurde Legende. Sie begründete das »Victorianische Zeitalter« und herrschte über das Britische Weltreich zur Zeit seiner größten Ausdehnung, Macht und Blüte.

Manfred Rudolph

Personenverzeichnis

Albert von Sachsen-Coburg und Gotha, – vollständiger Name Franz Karl August Albrecht Emmanuel (26.8.1819, Schloß Rosenau, nordöstlich von Coburg – 14.12.1861); heiratete Queen Victoria am 10.2.1840; wurde zu ihrem Lehrmeister und engsten Berater; erhielt 1857 den Titel Prince Consort («Prinzgemahl»).

Albert E d w a r d Prince of Wales, später Edward VII. (9.11.1841–6.5.1910) (genannt »Bertie«); König von Großbritannien und Irland von 1901–1910; zweites Kind und ältester Sohn von Queen Victoria und Prince Albert; heiratete 10.3.1863 Prinzessin Alexandra, Tochter von König Christian IX. von Dänemark; drei Söhne, drei Töchter.

Alexander I. (1777–1825), Zar von Rußland (1801–1825); war der prominenteste Taufpate von Princess Victoria am 24.6.1819.

Alexandrina V i c t o r i a (24.5.1819 Kensington Palace, London – 22.1.1901 Osborne House, Insel Wight); Königin des Vereinigten Königreiches von Großbritannien und Irland (1837–1901) und Kaiserin von Indien (1876–1901); Victoria war die Tochter von Victoria Maria Louisa (1786–1861), Tochter des Herzogs von Sachsen-Coburg, und von Edward Augustus (1767–1820), Duke of Kent and Strathearn, dem vierten Sohn von George III. und jüngeren Bruder von George IV. und William IV., beide Könige von Großbritannien. Nach dem Tode Williams IV. am 20. Juni 1837 wurde Victoria im Alter von achtzehn Jahren Königin. Am 10. Februar 1840 heiratete sie ihren Cousin Albert, Prinz von Sachsen-Coburg und Gotha.

A l f r e d Ernest Albert (6.8.1844–30.7.1900) (genannt »Affie«); viertes Kind von Victoria und Albert; trat im August 1858 in die Marine ein; erhielt von Griechenland das Angebot, König von Griechenland zu werden, doch lehnte ab; wurde 24.5.1866 Duke of Edinburgh; fuhr 1867 als Schiffskommandant um die Welt und besuchte als erster englischer Prinz Australien; heiratete 23.1.1874 Großherzogin Marie Alexandrowna von Rußland; wurde 22.8.1893 als

Nachfolger seines Onkels Ernst Herzog von Sachsen-Coburg und Gotha; vier Töchter, ein Sohn.

A l i c e Maud Mary (25.4.1843–14.12.1878); drittes Kind von Victoria und Albert; heiratete 1.7.1862 Prinz Friedrich Wilhelm Louis von Hessen-Darmstadt (später Großherzog von Hessen-Darmstadt); zwei Söhne, fünf Töchter.

A r t h u r William Patrick Albert (1.5.1850–16.1.1942); siebentes Kind von Victoria und Albert; trat im Juni 1868 in die Armee ein; wurde 24.5.1874 Duke of Connaught and Strathearn; heiratete 13.3.1879 Louise Marguerite, Tochter von Prinz Friedrich Carl von Preußen; 1911–1916 Generalgouverneur von Kanada; ein Sohn, zwei Töchter.

Augusta Duchess of Cambridge (1797–1889) Tochter von Friedrich, Landgraf von Hessen-Kassel, Gattin von Adolphus Frederick (1774–1850), dem siebenten Sohn von George III; Queen Victorias Tante.

Beaconsfield, Earl of, Benjamin Disraeli (21.12.1804–19.4.1881); Staatsmann und Romancier; Schöpfer der modernen Konservativen Partei; zweimaliger Premierminister.

B e a t r i c e May Victoria Feodore (14.4.1857–26.10.1944) (genannt »Baby«); neuntes Kind von Victoria und Albert; heiratete 23.7.1885 Heinrich Prinz von Battenberg; zwei Söhne, eine Tochter.

Bismarck, Otto Fürst von (1.4.1815–30.7.1898), 1871–1890 deutscher Reichskanzler.

Brown, John – schottischer Leibdiener der Queen und ihr Vertrauter.

Cavendish, Spencer Compton, 8th Duke, Marquis of Hartingdon – (1833–1908), Parlamentsabgeordneter der Liberalen Partei (1857–1891); Kriegsminister (1866; 1882–1865).

Charles I. (19.11.1600–30.1.1649) König von England, Schottland und Irland; im Verlaufe der Englischen Revolution entthront und hingerichtet.

Charlotte, s. Leopold

Churchill, Sir W i n s t o n Leonard Spencer (30.11.1874 bis 24.1.1965); bedeutendster britischer Staatsmann des 20. Jahrhunderts.

Conroy, Sir John – Hofmarschall der Duchess of Kent.

Conyngham, Lord – Lordkämmerer.

Derby, Edward George Geoffrey Smith Stanley, 14th Earl of (29.3.1799–23.10.1869); Staatsmann; Führer der Konservativen Partei; Premierminister.

Disraeli, s. Beaconsfield

Dufferin, Earl of (1826–1902); Diplomat; u. a. Generalgouverneur von Kanada; Vizekönig von Indien.

Durham, John George Lambton, 1st Earl of (12.4.1792 bis 28.7.1840); Staatsmann; Wegbereiter der britischen Kolonialpolitik.

Edward, s. Albert Edward

E d w a r d Augustus, Duke of Kent and Strathearn,– (2.11.1767–1820), vierter Sohn von George III.; heiratete 1818 Prinzessin Victoria von Sachsen-Coburg; beider Tochter Victoria wurde die spätere Königin.

Elizabeth I. (7.9.1533–23.3.1603); Tochter von Henry VIII. und dessen zweiter Gemahlin Anne Boleyn; Königin von England und Irland.

Elizabeth II. (geb. 21. 4. 1926); Tochter von George VI., Ururenkelin von Queen Victoria; heiratete 1947 Prince Philip Mountbatten, ebenfalls ein Ururenkel von Queen Victoria; Königin des Vereinigten Königreiches von Großbritannien und Nordirland seit 1952.

Friedrich Wilhelm, Kronprinz von Preußen, später Friedrich III. (18.10.1831–15.6.1888); 9. März bis 15. Juni 1888 deutscher Kaiser und König von Preußen (»99-Tage-Kaiser«); verheiratet mit Victoria, Tochter von Queen Victoria und Prince Albert.

George III. (Juni 1738–29.1.1820); König von Großbritannien und Irland; heiratete 1761 Charlotte von Mecklenburg-Strelitz.

George IV. (12.8.1762–26.6.1830); ältester Sohn von George III.;

Prinzregent ab 1811; König von Großbritannien und Irland; heiratete 1785 Maria Fitzherbert und 1795 Caroline von Braunschweig-Wolfenbüttel.

Gladstone, William Ewart (29.12.1809–19.5.1898); Führer der Liberalen Partei; Premierminister.

Grant, Ulysses Simpson (27.4.1822–23.7.1885); 18. Präsident der Vereinigten Staaten von Amerika.

Granville, George, s. Leveson-Gower

Greville, Charles Cavendish Fulke (1794–1865); Sekretär des Kronrates (Privy Council) von 1821–1859 und Memoirenverfasser.

Hartingdon, s. Cavendish, Spencer Compton

H e l e n a Augusta Victoria (25.5.1846–9.6.1923); fünftes Kind von Victoria und Albert; heiratete 1866 Prinz Christian von Schleswig-Holstein; drei Söhne, zwei Töchter.

Helps, Arthur – Sekretär des Kronrates (Privy Council).

James I. (1394–1437); König von Schottland (1406–1437).

James, Henry – (1843–1916); in England lebender amerikanischer Schriftsteller.

Lamb, William, 2nd Viscount Melbourne (15.3.1779 bis 24.11.1848); Staatsmann der Whig-Partei; Premierminister; Vertrauter und Berater der jungen Queen Victoria.

Lehzen, Louise, später Baroness – Pastorentochter aus Hannover; Gouvernante und Vertraute von Princess und später Queen Victoria.

Leopold (16.12.1790–10.12.1865); vierter Sohn des Herzogs von Sachsen-Coburg; Bruder von Queen Victorias Mutter; heiratete 1816 Charlotte, die einzige Tochter und Thronfolgerin George IV. von Großbritannien; Leopold blieb nach Charlottes Tod (1817) in Großbritannien; wurde am 4. Juni 1831 als Leopold I. zum König von Belgien gewählt.

L e o p o l d George Duncan Albert (7.4.1853–28.3.1884); achtes Kind von Victoria und Albert; wurde 1881 Duke of Albany; heiratete 27.4.1882 Helen Frederica Augusta von Waldeck-Pyrmont; eine Tochter, ein Sohn.

Leveson-Gower, Granville George, 2nd Earl Granville (1815 bis 1891); Staatsmann; mehrmaliger Außenminister; Präsident des Kronrates (Privy Council).

L o u i s e Caroline Alberta (18.3.1848–3.12.1939); sechstes Kind von Victoria und Albert; heiratete 1871 John Campbell, Duke of Argyll; keine Kinder.

Melbourne, s. Lamb, William

Napoleon III. (1808–1873); Kaiser von Frankreich (1852–1870).

Palmerston, Henry John Temple, 3rd Viscount (20.10.1784 – 18.10.1865); zweimaliger Premierminister der Tory-Partei.

Peel, Sir Robert – (5.2.1788–2.7.1850); Staatsmann; Gründer der modernen Konservativen Partei; Premierminister; »Vater« der Londoner »Bobbies«.

Ponsonby, Sir Henry Frederick (1825–1895); Privatsekretär der Queen seit 1870.

Prinzregent, s. George IV.

Salisbury, Robert Arthur Talbot Gascoyne-Cecil, 3d Marquess of (1830–1903); Staatsmann; Premierminister der Konservativen Partei.

V i c t o r i a Adelaide Mary Louise (21.11.1840–5.8.1901); (genannt »Vicky«); Princess Royal; erstes Kind von Queen Victoria und Prince Albert; heiratete 1858 Kronprinz Friedrich Wilhelm von Preußen (9.3.–15.6.1888 Kaiser - Friedrich III. von Deutschland); drei Söhne, vier Töchter, darunter den späteren Kaiser Wilhelm II.

Victoria, Queen, s. Alexandrina

V i c t o r i a Maria Louisa (1786–1861); Duchess of Kent and Strathearn, Witwe des Fürsten von Leiningen (Schloß Waldleiningen, südwestlich von Amorbach/Odenwald), geborene Prinzessin von Sachsen-Coburg, heiratete 1818 Duke Edward Augustus und brachte am 24.5.1819 die spätere Queen Victoria zur Welt.

Wilhelm, Prinz von Preußen, später Wilhelm II. (27.1.1859 – 4.6.1941); Sohn von Queen Victorias ältester Tochter Victoria und von Friedrich Wilhelm, dem Kronprinzen von Preußen und späterem Friedrich III.; deutscher Kaiser und König von Preußen (1888–1918); 1918 im Verlaufe der Novemberrevolution gestürzt; floh nach den Niederlanden.

William IV. (21.8.1765–20.6.1837); dritter Sohn von George III.; König von Großbritannien und Irland sowie König von Hannover; heiratete 1818 Adelheid (Adelaide) von Sachsen-Coburg und Meiningen; bei seinem Tode folgte ihm Princess Victoria of Kent auf dem Thron nach.

Könige und Königinnen

George I. (28.3.1660–11.6.1727) Thronbesteigung 1714; Sohn von Kurfürst Ernst von Hannover; heiratete 1682 Prinzessin Sophia von Celle; ein Sohn, Thronfolger George II., eine Tochter, Sophia Dorothea (später die Mutter Friedrichs des Großen).

George I. begründete in England das Haus Hannover. Er kam auf Grund einer verschlungenen Erbfolge auf den englischen Thron. Seine Mutter war Sophia, Gemahlin des Kurfürsten von Hannover und Enkelin von James I. (1603–1625) aus dem Hause Stuart.

George II. (10.11.1683–25.10.1760) Thronbesteigung 1727; einziger Sohn von George I.; heiratete 1705 Caroline von Anspach; drei Söhne, fünf Töchter.

George III. (4.6.1738–29.1.1820) Thronbesteigung 1760; Enkel von George II., Großvater von Victoria; heiratete 1761 Charlotte von Mecklenburg-Strelitz; neun Söhne, sechs Töchter.

George III. war die letzten neun Jahre seines Lebens geistig umnachtet und lebte in Abgeschiedenheit. Sein ältester Sohn George wurde als Prinzregent eingesetzt.

George IV. (12.8.1762–26.6.1830) Thronbesteigung 1820; ältester Sohn von George III., Onkel von Victoria; heiratete 1785 Maria Fitzherbert / 1795 Caroline von Braunschweig-Wolfenbüttel; eine Tochter.

Da das einzige legitime Kind von George IV., Princess Charlotte, 1817 verstorben war, folgte ihm sein Bruder, der Duke of Clarence, als William IV. auf den Thron.

William IV. (21.8.1765–20.6.1837) Thronbesteigung 1830; dritter Sohn von George III., Onkel von Victoria; heiratete 1818 Adelheid (Adelaide) von Sachsen-Coburg und Meiningen; zwei Töchter.

Victoria (24.5.1819–22.2.1901) Thronbesteigung 1837; Königin des Vereinigten Königreiches von Großbritannien und Irland 1837–1901, Kaiserin von Indien 1876–1901; Enkelin von George III., Tochter von Victoria Maria Louisa von Sachsen-Coburg und von Edward Augustus, Duke of Kent and Strathearn, dem vierten Sohn von George III. und jüngeren

Bruder von George IV. und William IV.; heiratete 1840 Prinz Albert von Sachsen-Coburg und Gotha; vier Söhne, fünf Töchter.

Edward VII. (9.11.1841–6.5.1910) Thronbesteigung 1901; ältester Sohn von Victoria und Albert; heiratete 1863 Alexandra von Dänemark; drei Söhne, drei Töchter (Kronprinz Albert Duke of Clarence verstarb 1892).

Edward VII. nahm den Familiennamen seines Vaters an und begründete das Haus Saxe-Coburg-Gotha.

George V. (3.6.1865–20.1.1936) Thronbesteigung 1910; Enkel von Victoria, zweiter Sohn von Edward VII., Großvater von Elizabeth II.; heiratete 1893 Princess Mary of Teck; vier Söhne, eine Tochter.

1917, im Ersten Weltkrieg, verzichtete George V. auf den deutschen Namen seiner Familie und begründete das Haus Windsor. Gleichzeitig wurde das deutschstämmige Haus Battenberg in Mountbatten umbenannt.

Edward VIII. (23.6.1894–28.5.1972) Thronbesteigung am 20.1.1936, Abdankung 11.12.1936; ältester Sohn von George V., Onkel von Elizabeth II.; heiratete 1937 Wallis Simpson; keine Nachkommen.

Aus Liebe zu der bürgerlichen und geschiedenen Amerikanerin Wallis Simpson dankte Edward VIII. nach elfmonatiger Herrschaft zu Gunsten seines Bruders George als König ab.

George VI. (14.12.1895–6.2.1952) Thronbesteigung 1936; zweiter Sohn von George V., Vater von Elizabeth II.; heiratete 1923 Lady Elizabeth Bowes-Lyon; zwei Töchter – Elizabeth und Margaret.

Elizabeth II. (geb. 21.4.1926) Thronbesteigung 1952; ältere Tochter von George VI., Ururenkelin von Victoria; heiratete 1947 Philip Mountbatten; drei Söhne, eine Tochter.

Literatur

Auchincloss, Louis, *Persons of Consequence: Queen Victoria and Her Circle,* London 1979

Bennett, Daphne, *Queen Victoria's Children,* London 1980

Central Office of Information (Hrsg.), *The Monarchy in Britain,* London 1988

Cooke, Alistair/Barker, Felix, *Edwardian London,* London 1995

Delderfield, Eric L., *Kings and Queens of England and Great Britain,* Newton Abbot, Devon 1973

Eilers, Marlene, *Queen Victoria's Descendants,* New York 1987

Fremdenverkehrs- und Kongreßbetrieb der Stadt Coburg (Hrsg.), *Ein Herzogtum macht Weltgeschichte,* 1992

Hibbert, Christopher, *Queen Victoria in Her Letters and Journals: A Selection,* London 1985

Lacey, Robert, *Majesty – Elizabeth II and the House of Windsor,* London 1977

Marshal, Dorothy, *The Life and Times of Victoria,* London 1972

Menen, Aubrey, *The Great Cities: London,* Amsterdam 1976

Piper, David, *The Companion Guide to London,* London 1964

Plowden, Alison, *The Young Victoria,* London 1981

Rudolph, Manfred, *London ohne Nebel,* Leipzig 1984

Sansom, William, *Victorian Life in Pictures,* London 1974

Strachey, Lytton, *Queen Victoria,* London 1921

Trease, Geoffrey, *London: A Concise History,* London 1975

Weinreb, Ben/Hibbert, Christopher, *The London Encyclopædia,* 1983

Weintraub, Stanley, *Victoria – Biography of a Queen,* London 1987

Weintraub, Stanley, *Victoria: An Intimate Biography,* 1987

Zimmermann, Evelyn, *Ansichten von Deutschland – Aus der Royal Collection in Windsor Castle,* 1999

Inhalt

ISBN 3-359-01301-8

1. Auflage

© 2000 Eulenspiegel · Das Neue Berlin

Verlagsgesellschaft mbH & Co. KG

Rosa-Luxemburg-Str. 39, 10178 Berlin

Buchgestaltung: Matthias Gubig, Umschlagentwurf unter

Verwendung eines zeitgenössischen Gemäldes

Gesamtherstellung: Ebner Ulm